DOÑA LEO
UNA HISTORIA QUE DEBE REPETIRSE

La pobreza no es natural, es creada por el humano y puede superarse y erradicarse mediante acciones de los seres humanos. Y erradicar la pobreza no es un acto de caridad, es un acto de JUSTICIA.
Mandela

Edgar Peña

Reservados todos los derechos. No se permite la reproducción total o parcial de esta obra, ni su incorporación a un sistema informático, ni su transmisión en cualquier forma o por cualquier medio (electrónico, mecánico, fotocopia, grabación u otros) sin autorización previa y por escrito de los titulares del copyright. La infracción de dichos derechos puede constituir un delito contra la propiedad intelectual.

El contenido de esta obra es responsabilidad del autor y no refleja necesariamente las opiniones de la casa editora. Todos los textos e imágenes fueron proporcionados por el autor, quien es el único responsable por los derechos de los mismos.

Publicado por Ibukku, LLC
www.ibukku.com
Diseño de portada: Ángel Flores Guerra B.
Diseño y maquetación: Diana Patricia González Juárez
Copyright © 2023 Edgar Peña
ISBN Paperback: 978-1-68574-463-2
ISBN Hardcover: 978-1-68574-465-6
ISBN eBook: 978-1-68574-464-9

Agradecimientos

El logro de poder contar esta historia digna de contarse y de plasmarse como un legado familiar, no habría sido posible sin los sentimientos más férreos de amor, agradecimiento y admiración por mi madre.

Hacer tangible "Doña Leo" tuvo la concurrencia de cómplices y aliados… Gracias a Mónica Vargas, Educadora Especial que escuchando de viva voz la historia y creyendo en el valor de la obra, así como de la asesoría de la periodista Madit Cabrera que con celo y profesionalismo dieron forma a esta narrativa que junto a su esposo Rafael Pérez acompañaron mi proceso de creación, recalcando siempre que no soy un escritor, sino de un convencido que las historias de éxito, de superación y de este gran calibre de empoderamiento femenino son una tarea obligada para las postreras generaciones.

Prólogo

La presente obra es la expresión de júbilo del autor que, sin ser escritor, lo movió el deseo primigenio de transmitir al lector, ante el paso que nos toca dar por esta vida terrena, y aún más, las huellas perennes que una grandiosa mujer dejó a su paso por la vida: Mi amada madre "Doña Leo".

No alcanzan las palabras para describir todo lo que el amor de una madre puede llegar a alcanzar, una madre de 8 hijos, siendo ella la columna vertebral de un hogar. Esta historia de vida, ocurre en la ruralidad colombiana de una época aguerrida, donde los estereotipos de género eran aún más marcados, donde la guerra civil existía, donde el control se lo disputaban dos polos opuestos políticamente, donde en el campo se gestaba la insurgencia, y sobre todo, en donde la mujer, siendo campesina, sin el respaldo de un seno familiar que la acogiese y que por los desatinos del destino, pudo conjugar todos los factores adversos para salir a flote, y mucho más desde temprana edad.

"Doña Leo", una campesina relegada por los infortunios y los vejámenes de la sociedad de su época, con un corazón ávido de sueños y de gran amor por sus hijos, es la muestra fidedigna del amor de madre, del tesón y el empoderamiento de una mujer que para esa época era insólito verla en un rol codo a codo con hombres, sorteando mil situaciones en el mundo de los negocios alternando férreamente con su rol de madre.

Siendo el Altísimo su guardia y luz, y el amor su motor para asumir senderos escabrosos y desafiantes, los que llevaron a esta valiente mujer a recoger los frutos de la labor cumplida, en la victoria infinita de una mujer que contra todo pronóstico se engalanó de éxitos personales y familiares y que en esta obra sirva de testimonio que impulse a las mujeres, y a aquellas personas que luchan día a día con adversidades pero que tienen muy definido su norte por sacar avante su más preciado tesoro, su familia.

Capítulo I

Entre recónditos parajes de la ruralidad colombiana, es donde emerge a la vida en el municipio de Maripi, Leovigilda, un 3 de septiembre de 1925, que, para lo sucesivo de esta historia, historia digna de admiración y tributo, será simplemente "Leo".

Esta niña, que con el devenir de los años sería conocida como "Doña Leo" paso sus primeros años de vida en una finca de gran extensión en clina caliente, junto a su familia integrada por su padre Gregorio Peña, su madre María Monroy y 4 hermanos: Adán, Celina, Jesus y Leonilde, siendo Leo la menor de todos.

Siendo la finca, hermosa y de gran tamaño, el hogar soñado y entrañable forjado en una bella historia de amor entre los padres de Leo, fue escenario inmemorable por sus amenos espacios como los momentos vividos. Corredores amplios y acogedores, dormitorios espaciosos que se distribuían en dos para los hombres y dos dormitorios para las mujeres, y claro está, una habitación mucho más inmensa para sus progenitores. También había una magnifica cocina, donde confluían suculentos aromas y sabores para el deleite de la familia. La señora María, madre de Leo, dedicada y amorosa, posaba su existencia en la cocina, como un lugar de convivio para la familia, para que al calor del fogón pudiese preparar alimentos autóctonos de la región como las arepas, plátanos maduros rellenos y tamales, acompañando esta encomiable tarea del hogar con el despliegue a sus hijos de bellas historias e interesantes anécdotas que a lo largo de los 30 años de unión, Gregoria y María ostentaron.

La historia de María y Gregorio se remonta al tiempo en que la familia de este decidió mudarse cerca del pueblo, eran inmigrantes españoles. Una tarde de enero el padre de María, Carlos, contó a su esposa, Julia, que había conocido a un hombre de buen trato, que se ofreció a invertir en la producción de miel. Poco a poco las familias comenzaron una estrecha unión, pero los niños María y Gregorio no se conocieron sino años después por una coincidencia. El ya joven Gregorio, en busca de una finca cercana, se topó con María y decidió preguntarle la dirección de la hacienda Jamaica… La atracción fue inmediata.

María y Gregorio eran solo unos adolescentes cuando sintieron el flechazo que les llevaría a entrelazar sus vidas por largo tiempo. Fundieron sus destinos en un matrimonio de bases sólidas y las miradas puestas en crear una familia. El tiempo se encargó de regalarles momentos de felicidad con la llegada de sus hijos. Uno a uno se fueron sumando integrantes al hogar, a la gran casa; y Leo fue la última recién nacida que atravesó las puertas de la finca, llenando de luz el corazón y los ojos de su padre, Gregorio.

Leo siempre fue considerada la niña más agraciada entre sus hermanos. Su belleza natural resaltaba cuando le hacían un peinado particular con su cabello castaño sobre la cabeza. Quienes la miraban decían que parecía llevar puesta una corona dorada. Era la niña ideal, fue siempre la más colaboradora y apegada a su padre.

Desde muy pequeña sintió deseo por trabajar y aprender las labores del campo, y a diferencia de la mayoría de las niñas de su edad, solía acompañar a Gregorio casi a diario para laborar en las dos fincas de su propiedad: la de Maripí, donde vivían todos en tierras calientes con una abrazadora temperatura que rondaba entre los 36 y 38 grados, donde se fabricaba la miel y la caña de azúcar; y la finca de tierras frías, lugar donde generalmente obtenían leche y productos derivados que llegaban a Maripí.

Los Peñas Monroy sembraban casi todo lo que consumían: ajíes, cilantro, plátanos, café, cacao, caña de azúcar... En fin, todo lo que esta generosa tierra ofrecía; eso sí, con esfuerzo y cariño por lo que se hacía.

Entre una finca y otra había un largo camino. A pie se tomaba de ocho a nueve horas ir de una a otra, pero el esfuerzo se veía gratificado por la vista, cargada de imponentes paisajes que fascinaban a Leo, quien en compañía de su padre comenzó a hacer diariamente estos largos viajes para llevar el sustento a su familia. Al poco tiempo ella aprendió a subirse en los bueyes y burros con ayuda de Gregorio, y a arrear a los animales de una finca a otra con las cantimploras de agua y leche, que llegarían a manos de sus hermanos y a su madre.

Gregorio siempre le enseñó a su pequeña hija los «secretos del buen agricultor» cuando se cosechaban los cultivos. A Leo le fascinaba arrancar de la tierra con sus pequeñas manos las matas de yuca; con una enorme sonrisa miraba cómo al final de los tallos aparecían las grandes y sabrosas raíces comestibles. De todas las actividades que aprendió de su amoroso padre, esta era la que más le gustaba y la que más añoraba cuando, tiempo después, recordaba sus días de trabajadora de finca.

En poco tiempo, Leo, a pesar de su corta edad, sabía mucho sobre la siembra del campo, arriar bestias y cómo se administraban ambas fincas. Llegó a conocer como la palma de su mano toda la zona rural de hermosos paisajes campestres; jamás llegó a perderse entre tantos caminos de tierra que dibujaban el lugar. Cada día, cuando hacía junto a su padre el trayecto hacia tierra fría, a un lado del camino veían una modesta escuela, y Gregorio, siempre pensando en lo brillante que sería el futuro de su hija favorita, sabía que con sus conocimientos de campo y una buena educación, a Leo no le faltaría nada en la vida. Todas las puertas se abrirían y el saber caería rendido a sus pies. Por eso, siempre, al pasar junto a la casita, la decía a la pequeña niña que al cumplir los siete años debía comenzar sus estudios, pero ella nunca sintió curiosidad por hacerlo.

Gregorio Peña era un hombre muy trabajador. Sus padres, llegados de España, le enseñaron desde muy pequeño el valor del trabajo y la inmensa importancia que tenía en la vida tener una familia bien constituida y una casa llena de amor y compresión donde los valores fuesen las columnas que sostengan la rectitud de cada integrante y habitante del hogar. Fue así como este niño se convirtió en un joven de bien, sacando el dulce provecho que la zona les ofrecía, cultivando miel, caña de azúcar y panela. Ese joven sinigual fue luego, en un hombre de bien, honorable, trabajador y sin tacha.

Gregorio, convirtió de este bregar, el sustento de su familia, que iba incrementando en tamaño y amor, luego de su matrimonio con María. Gregoria en las artes de la tierra, de sol a sol, cultivaba con ahínco para llevar el pan a su casa. En medio de tanta dicha y bonanza, sobrevino la mala hora, y la ineludible muerte para Gregorio debido a una afección de próstata, que, de manera temprana, le arrebató a sus 50 años estar en su tierra junto a su familia amada.

La partida de Gregorio fue un certero y duro golpe para la familia, la desolación y el desconsuelo imperaba ahora en ese hogar. María sufrió en silencio, tal cual hubiese sido objeto de mutilación de una parte de su cuerpo, el dolor fue inmenso, así como para sus hijos que amaban y veneraban a su progenitor, quedaron como los morichales que se divisan a lo lejos en la llanura, al vaivén eterno de la brisa, en especial Leo, quien perdió un compañero, un cómplice, un mentor, su guía, su escudo, su esperanza, su abrigo en los días de frío y un rocío de lluvia en los días calurosos. ¡Leo perdió su brújula, su maestro, la mano tierna y protectora que tomaba a diario en los eternos caminos de tierra... Leo perdió a su padre!

Al poco tiempo de la temprana muerte de Gregorio, Jesús, uno de los hermanos mayores de Leo, enfermó de Lepra. La vida de Jesús se redujo a las cuatro paredes del cuarto de un leprocomio. Poco a poco se fue degradando como una hoja seca en un árbol. De esta forma pasaba días enteros viendo las horas morir por la ventana de la habitación. Salía el sol, salían las estrellas, salían los recuerdos, entraba la angustia, hora tras hora, minuto a minuto, hasta que su cuerpo abandonó todo tipo de fuerza vital y dejó de latir en este mundo.

La partida de Jesús afectó mucho más a María, quien aún no lograba despertar de la pesadilla que significaba el abrir los ojos cada mañana y recordar que Gregorio ya no hacia parte de ese binomio que se fundía en amor, y que compartían el mismo aire para vivir.

Para sobrellevar la ausencia, María se mantenía ocupada en los quehaceres del hogar. Aprendió a llorar en silencio la partida de su esposo, sabiendo que el mejor reconocimiento que podía hacerle a la memoria de su esposo era sacar su familia adelante.

Para mantener a flote la economía familiar María criaba animales, y para esto se hacía de la ayuda de sus hijos mayores, quienes tenían la tarea de dar alimentos y cuidados a estos animales. Al mediodía todos se ponían su ropa de trabajo y durante largas horas atendían todas las necesidades que un corral exigía... Eso sí, «cuidado con descuidar los deberes escolares... Hay que hacer tarea de la casa y tarea del colegio», les decía todos los días María con tono de voz recio pero con acento amoroso.

Pero en soledad María había desarrollado un sistema de costumbres que le ayudaban tanto a despejar la mente como a alimentar a sus hijos, o bien obtener un poco más de dinero invertido en el bienestar familiar. Por las mañanas, al despuntar el alba, caminaba en silencio hasta el corral donde se encontraban las vacas y comenzaba su jornada de ordeño con mucha paciencia. Sus pensamientos se diluían en la blanca espuma que aparecía en la superficie de la leche mientras tarareaba una canción que su madre le había enseñado en lo que parecía ya un pasado muy lejano. Para cuando los integrantes de la familia se despertaban para desayunar, encontraban sobre la mesa grandes vasos de leche tibia, siempre acompañada de arepas y bollos de maíz. La leche sobrante María la disponía para la venta o preparaba ricos quesos y mantequilla, que eran las delicias de quienes compartían la mesa todas las mañanas.

Así pasaron los días, entre monotonía y ganas de olvidar, entre inventarse cosas nuevas para obtener dinero y caminar entre laberintos de recuerdos enamorados de la memoria. Lunas y soles, sequías y aguas de lluvias se posaron sobre el techo de la casa grande, llevando y trayendo consigo la ley de la vida, la ley natural de las familias donde cada integrante nacido dentro de ellas sueña con la independencia e injertar una nueva rama al tallo del árbol familiar. Con el tiempo, el núcleo de cinco poco a poco se comenzó a disolver como la sal en el agua, cuando varios de los hermanos tomaron rumbos distintos.

Celina se fue a Bogotá, la ciudad capital de Colombia, pare comenzar una nueva vida en la ciudad. El destino le regaló algo de dicha al casarse con un empresario de nombre Manuel que hacía llantas, y tuvo la vida tranquila y serena que siempre anheló, aquella vida con la que soñó en las noches de vapor por allá en tierras calientes. No es que Celina no apreciara a su familia o no amara la tierra que tanto le dio mientras ella crecía, simplemente «quería algo más para su vida». Quería ver mundo, ver ciudades, tener comodidades y, por supuesto, un hombre que la amara y le diera su propia familia.

En la hacienda quedó Leonilde, quien, al crecer y desarrollarse como mujer, mantuvo una tórrida relación de amor con un joven del pueblo, relación que trajo dos niños a este mundo: Miguel y Joaquín… El tiempo siguió su curso.

Un día, Celina contactó a su hermana Leonilde. Le sembró la semilla en su mente, que germinaría al poco tiempo con la idea de que «en ese pueblo no tenía futuro», que era mejor que tomara sus maletas y partiera sola lo antes posible a Bogotá, donde, según Celina, tendría mejor calidad de vida y mayores posibilidades de trabajo, y que más adelante podría buscar a sus hijos y ofrecerles mejor futuro.

No pasó mucho tiempo para que Leonilde se enfrentara a María, su madre, con una franca conversación: le anunció que seguiría los pasos de su hermana Celina, y que dejaría a los niños de cuatro y dos años su cargo, con la ayuda de Leo, que era la única niña que quedaba en la hacienda. Al poco tiempo Leonilde inició su nuevo rumbo; tomó las pocas cosas que poseía, las guardó en una valija y partió rumbo a Bogotá, camino del porvenir, de un mejor futuro.

Estando en Bogotá Leonilde vivió unos meses con su hermana Celina, quien le recomendó que lo mejor que le podía pasar en su vida era no regresar al pueblo. Como un presagio, la recomendación de Celina hizo mella en el destino de Celina… Dos largos años pasaron y Leonilde no volvió al pueblo…, y nunca más lo haría.

La trágica historia sin confirmar de la muerte de Leonilde habla de una fractura de costilla ocasionada por una pelea con su pareja sentimental. Sí, Leonilde consiguió un compañero en Bogotá, alguien con quien ver los atardeceres y compartir la casa que alquilaron, compartir la mesa que compraron y soñar en la cama que consiguieron. Lamentablemente no todo fue color rosa… Pasado un tiempo el verdadero carácter de aquel maravilloso hombre salió a relucir: una violencia escondida, un mal humor furtivo emergió de los más profundo de ese ser.

Cuentan los vecinos que un mal día comenzó a escucharse la pelea cotidiana en casa de la pareja. Hasta que un golpe sordo dejó todo en silencio…, un golpe que rompió una costilla de Leonilde, lo que generó una perforación en un pulmón que la dejó sin aliento eternamente.

Los dos niños quedaron huérfanos en Maripí. Quedaron sin madre, pero no solos, quedaron bajo las alas de los ángeles protectores que significaron ahora ser la señora María y Leo.

Adán, el único hombre que quedaba en la familia habitando la casa grande, también sintió el llamado de la vida, y de su alma emergió la necesidad de tener una compañera a su lado, alguien con quien sentir el abrazo reconfortante después de un día entero de trabajo, alguien con quien pasar el resto de sus días. Emprendió su rumbo y se mudó a la finca de tierras frías con una mujer quince años mayor que él. La brecha de edad no fue impedimento para ser feliz y encontrar la paz en la esencia de su mujer.

En Maripí, Leo, al verse sola con su madre y los dos niños, decidió dejar los estudios que unos meses atrás había comenzado en honor a su padre. Pero con tan solo siete años tomó la decisión de encerrar en su memoria su corto andar en el humilde colegio al que iba..., un colegio de solo dos salones.

Ella y su madre permanecieron un tiempo trabajando y sobreviviendo con los dos niños bajo sus cuidados. Leo, que ya tenía experiencia de trabajos de campo a pesar de su corta edad, desarrolló un nuevo sentido, fundamental para su andar el resto de la vida. Aprendió que, ahorrando en los días de sol, se puede navegar a salvo a través de las tormentas de la austeridad.

El trabajo realizado con sus pequeñas manos rendía pocos frutos. Ella, muy inteligentemente dividía el monto obtenido y la mitad iba para satisfacer las necesidades de la casa, su madre y sus sobrinos; la otra mitad de monedas y billetes iban a parar dentro del colchón que ella utilizaba para dormir y soñar en las noches. Este hecho le hacía experimentar un sentimiento que no conocía por ser tan niña, pero, con el paso del tiempo, recordando aquellos días, Leo entendió que lo que sentía era orgullo y paz a la vez, ya que sabía que en algún momento ese dinero sería utilizado en un tiempo de necesidad y a nadie en la casa le faltaría algo.

Por su lado, encerrada en su cuarto por las noches, arropada con lágrimas de soledad, la señora María sabía que estaba perdiendo las batallas de memorias que día a día le recordaban que su esposo, Gregorio, se había reunido con el Creador años atrás. Los pedazos de su corazón, roto por la partida de su amado, no se quisieron jamás unir. Sabía que debía seguir adelante por Leo y los niños, pero ya no había chispa vital; no quedaba una estrella para ella la cual seguir… No dio más… y a los pocos meses murió.

Leo, con casi diez años, quedó sola con dos niños de seis y cuatro años a cuestas. Echó mano de los consejos, la práctica y las habilidades que le había enseñado su padre, y comenzó a trabajar sola. Caminaba inmensas distancias hacia Simijaca. Los pequeños pies de esta niña dejaban huella en los muchos kilómetros de senderos que la separaban de los trabajos de campo.

Un buen día, Leo decidió ofrecerles comida a unos obreros que trabajaban cultivando el campo y, poco a poco, cocinando y vendiendo esa comida, logró reunir algo más de dinero.

Esta niña siempre se mantuvo en pie y trabajando. Su joven pensamiento no tuvo tiempo para desviarse en distracciones propias de una infante que tan solo comenzaba el camino de la vida. Su norte siempre fue vivir… Si ella vivía, los niños bajo su cuidado también lo harían.

Miguelito, el niño más grande, la ayudaba con la entrega de las comidas. Caminaban horas infinitas para llegar a cada destino y, mientras todo esto ocurría, Joaquín debía quedarse solo en la casa. Este pequeño sufría de asma y tenía que conformarse diariamente con permanecer parado en el portal de la casa grande viendo cómo Leo y Miguel se alejaban por los senderos, observando cómo sus siluetas se hacían cada vez más pequeñas con el paso de los minutos y las distancias. Él lo sabía, sus pulmones se lo decían: le costaba mucho esos recorridos. A pesar de que el clima era tropical de montaña, el cansancio le afectaba mucho.

Ocho meses pasaron para que la sombra de la muerte tocara de nuevo las puertas de la casa de campo de tierras calientes. Joaquín comenzó a decaer y el centro de salud más cercano se encontraba a cinco horas de caminata. A Leo y Miguelito no le quedó otra opción que preparar «agüitas» y remedios caseros, pero no lograron su cometido: Joaquín exhaló su último y angustioso aliento. Falleció de una aparente neumonía.

El universo de gente de Leo y Miguelito se redujo aún más. Con el andar de las agujas de los relojes y las hojas de los calendarios, estos niños fueron creciendo y apoyándose entre sí. Continuaron trabajando desde horas muy tempranas hasta más allá de que el sol se fuera a descansar. Ahorrando en todo momento lograron comprar animales de carga para trabajar, y adquirían naranjas, papas y otras frutas, que las trasladaban de un sitio a otro. El trabajo seguía siendo duro, las rutas seguían siendo largas, pero ver hacia atrás… jamás.

Leo siempre fue admirada por sus vecinos por sacar adelante a su sobrino siendo ella muy pequeña, pero solo de edad. A los quince años, las largas caminatas y esfuerzos propios del trabajo de campo hicieron que su cuerpo se transformara rápidamente en el de una mujer esbelta y llamativa con una belleza impactante, y como era de esperarse, los hombres del pueblo comenzaron a rodearla, alagarla y pretenderla; pero ella, con harto conocimiento de lo que llaman vida, era capaz de sostener una finca completa sin permitir abusos ni aprovechamientos de los hombres.

A pesar de la poca diferencia de edades, tan solo cuatro años, Miguelito se convirtió en un hijo para ella. Las circunstancias los hicieron madurar. Aprendieron a apoyarse y las lecciones de vida les dieron tenacidad y fuerza para convertirse en personas trabajadoras.

Con el paso de muchos amaneceres de trabajo y anocheceres de descanso, Leo, con su gran madurez, empezó a entender que la poca familia que le quedaba, aunque estuviera lejos y solo se comportaran como fantasmas que alguna vez habitaron los pasillos de su vida, podían regresar del olvido que ellos mismo se buscaron, solo para reclamar parte de su adorada finca.

Capítulo II

Ante el inexorable paso del tiempo, Leo y Miguelito siguieron su travesía de vida, donde Leo siendo aún una adolescente ya avizoraba su potencial como comerciante. Cada domingo incursionaba en el mercado de Maripi, que, junto a Miguelito, con la cosecha de la finca de Hoyo Caicedo, molían caña de azúcar, producían miel y la panela, así como también comenzaron a revender productos como naranjas, plátanos, frutas y verduras y seguir consiguiendo su sustento.

Corría el año 1941, donde afloraba de manera vertiginosa el progreso y por ende la modernidad en la zona. En el pueblo ya iniciaban las acometidas para la carretera, que atrajo de inmediato la afluencia de camiones para traslados. Leo, con su amplia visión para los negocios, vio una ventana de oportunidad para comprar cada domingo en Maripi mayor cantidad de mercancía para llevarla los lunes a Simijaca y los miércoles a Chiquinquirá, una ciudad más grande donde tuvo sus ventas incrementaron voluminosamente, y fue el punto de partida, con más ahínco de escalonar en su vida como comerciante.

Leo, con casi 16 años era una negociante reconocida del campo. Su corta edad era muestra de pujanza e inspiraba mucha confianza entre los moradores. Con empeño y tesón logró ahorrar dinero, aperturar una cuenta en el banco del Estado conocido como la Caja Agraria. El Ahorro en Leo se volvió en ley de vida, convirtiéndose en una administradora conservadora, que gastaba solo en lo indispensable en su día a día con Miguelito.

Seguía el transcurrir del año 41 cuando su hermana Celina, que continuaba viviendo en Bogotá, y su hermano, Adán, decidieron comunicarle a Leo que habían tomado la penosa pero práctica decisión de vender la finca de tierra caliente y que se repartirían de manera equitativa el dinero. La finca se vendió pocas semanas más tarde de publicar la noticia, no podía ser de otra manera, Leo y Miguelito se habían encargado de mantener tanto la casa grande como todo el terreno en un estado impecable. Ella sentía que al tenerla de esa manera, hermosa y pulcra, más que un sitio agradable y cómodo para vivir era un tributo a su adorado padre. Este hecho ayudó a que se vendiera a un muy buen precio.

Leo y Miguelito no quedarían a la intemperie, sin hogar. Su hermano Adán, quien habitaba en la otra finca de la familia, la de tierra fría, había decidido mudarse junto con su pareja a una zona cercana. Leo, sabiendo que ese sería su nuevo hogar, no perdió tiempo y junto con Miguelito comenzó a preparar la mudanza para realizarla lo antes posible. Contaron la suerte de que los compradores de la casa grande les permitieron tomar un poco de tiempo, y fue así como, en un mes, Leo y Miguelito emprendieron camino a tierra fría. Ella de tanto en tanto volteaba su cabeza y, sobre su hombro, veía cómo iba quedando cada vez más lejos la casa de su infancia, la tierra que aprendió a trabajar con su padre, las tardes de juegos con sus hermanos, la cocina humeante de su madre. Leo sentía cómo se le hacía un nudo en el estómago, cómo una lágrima recorría su garganta que la dejaba sin oxígeno. Miguelito se dio cuenta de lo que estaba pasando. Tomó su mano y, apretándola fuerte, le dio a entender a Leo que todo estaría bien, que el futuro era hacia adelante.

Leo estaba muy acostumbrada a su vida de comerciante en ese pueblo. Estaba muy feliz y tranquila, pero no dejaría que el cambio de zona retrocediera todo lo que había logrado obtener en tierras calientes; por el contrario, estaba contenta porque tendría más dinero gracias a su herencia. Se podía dar uno que otro lujo junto con su sobrino: se compraban ropa y calzado de calidad, o si preferían, podían disfrutar de un delicioso dulce que vendieran por la zona. El sentido del ahorro que adquirió Leo con el tiempo le hizo ver que el dinero de su herencia debía depositarlo en el banco para darle un buen uso más adelante y así no malgastarlo en el momento.

Aquella niña, que creció bajo el cuidado y enseñanzas de su padre, y avanzó por la vida solamente con la compañía de un niño que muy tempranamente había llegado a sus cuidados, se convirtió en una comerciante empoderada y muy respetada en todos los pueblos de la zona.

Era solo cuestión de tiempo, para que una joven y hermosa campesina, trabajadora, de muy buen vestir, buen trato, respetuoso y afable, comenzará a arrebatar las miradas insinuosas de los hombres. Los pretendientes, cumplidos, flirteos y atenciones estaban por doquier para con ella.

Leo no conocía del amor, a sus oídos no habían llegado susurros de este sentimiento, y mucho menos las pasiones carnales. Al sentirse elogiada, cortejada, poco a poco, fue asintiendo a las atenciones de los hombres, hasta sentirse atraída por el sexo opuesto, pero no cruzo el umbral de lo platónico.

Pero esto no sería así para siempre. Fue una hermosa tarde, de manera casual, que Leo vivió uno de esos pocos momentos que marcan la vida: mientras hacía las compras en el mercado del pueblo cercano, una mirada fulminante se cruzó con la suya.

Fue más rápido que un rayo..., fue una bala disparada desde una mirada que le atravesó el pecho para dejarla sin aliento. Fue la mirada de Flaminio, un apuesto joven que, en compañía de su madre, rápidamente sintió la vergüenza del instante. Y hasta allí llegó el fugaz pero intenso momento.

Leo, sin darse cuenta, pasó horas pensando en el agradable muchacho que había visto solo por unos segundos. Simplemente no pudo sacarlo de su cabeza por el resto del día; pensaba en lo bien que iba vestido, en su hermosa cabellera oscura, cuáles serían sus gustos y si él estaría pensando en ese momento en ella.

Los padres de Flaminio, la señora Elena y el señor Juan, tenían un negocio familiar a la orilla de la carretera. El Corte de la Ternera se trataba de un restaurante donde la especialidad era la carne cocinada a la parrilla, aunque de igual forma ofrecían pollo a la brasa y cochino, todo acompañado de unas exquisitas arepas y ensalada, y si el cliente lo prefería, cualquier tipo de licor.

Flaminio era el hijo mayor, el predilecto del matrimonio Forero. Este muchacho era un joven bien parecido, buen hijo y mejor estudiante. Recibía sus clases en el núcleo estudiantil que se encontraba en Chiquinquirá, lugar donde sus profesores solo tenían halagos para él debido a sus calificaciones ejemplares y excelente comportamiento.

Debido a la distancia que separaba a Flaminio de su familia, el joven contaba los días para encontrarse de nuevo con sus padres. Por las noches, luego de intensas sesiones de estudio y tareas, Flaminio se recostaba en su cama ansiando la llegada del fin de semana, momento en que se iba hasta la finca familiar en Maripí. Algunas veces, llegaba hasta el negocio familiar para ver en qué podía ayudar o simplemente sentirse cerca de los suyos así no hubiese nada qué hacer.

El destino de Leo y Flaminio comenzó a unirse cuando cierto domingo en la mañana Leo entró a El Corte de la Ternera ofreciendo los productos del mercado al restaurante. Por ese lado la visita fue infructuosa, ya que el señor Juan le explicó que por el momento no estaba interesado en lo que Leo le ofrecía, que regresara la semana siguiente. Ella, desilusionada, buscó la salida del sitio. Al atravesar la puerta, un fuerte golpe la despertó de sus pensamientos. Se había encontrado de frente con una persona, quien sin pensarlo dos veces apeló a sus reflejos y la tomó del brazo para que ella no se cayera. Leo, al retomar el equilibrio, se encontró de frente con los ojos que le habían atravesado el pecho con una profunda mirada: eran las pupilas de Flaminio. Las mejillas de Leo se encendieron al rojo vivo nuevamente. Él, cómodo, exudando una seguridad infinita, la saludó amablemente y le preguntó qué hacía en el restaurante de sus padres. «El restaurante de mis padres», retumbó dentro de la cabeza de Leo. Le parecía increíble que de tantos locales en el lugar ella entrara precisamente a ese, el sitio donde su joven de mirada penetrante había transitado sus pasillos un centenar de veces.

Ella, tragando fuerte, buscó en lo más profundo de su ser las fuerzas necesarias para explicar, sin dejar en evidencia ningún rastro de nerviosismo, el motivo de su visita al restaurante. Flaminio, de manera insistente, le aseguró que la semana siguiente tendría mejor suerte, ya que el restaurante necesitaba reposición de alimentos. Sin más que decir, ambos se despidieron.

A partir de esa despedida, la semana que pasó Leo en espera de ver de nuevo a Flaminio fue un verdadero suplicio. Hubo días que veía el sol caer y el sol despuntar sin cerrar los ojos por más de veinte minutos. No era tanto lo que pensaba en aquel joven sino lo que le hacía sentir su mirada, su presencia. Pasó noches en vela pensando en cómo se vestiría para ese próximo encuentro, qué diría, cómo se comportaría. Fue una semana donde reino el letargo para Leo, donde levitaba en nubes blancas de un cielo despejado. Con la impulsividad de una bagualada, Leo se preparaba para "el gran encuentro" y dispuso de todas sus dotes de comerciante para concertar con los proveedores de frutos y de hortalizas para reservar lo más selecto, de cara al encuentro con Flaminio: "Debía ser perfecto, nada podría estar mal".

¡Llegó el gran día!

No se podría decir que Leo despertó temprano, porque en realidad jamás logró conciliar el sueño. El cantar de los grillos y ranas nocturnas lograron arrullarla por momentos, pero la ansiedad de verse reflejada en la mirada de Flaminio nuevamente no la dejó dormir.

Se puso su mejor ropa de trabajo, arregló su cabello, una última mirada en el espejo y salió con destino al negocio de la familia Forero para vender los mejores productos que había conseguido en el mercado. En realidad, que le compraran las frutas y verduras era lo de menos ese día, sus expectativas eran otras. No le importó mucho que la señora Elena adquiriera muy pocos productos; ella, como toda una dama que era, le agradeció la compra, giró sobre sus talones y emprendió camino pensando en su doble mala suerte: no vendió todo y no vio a... Pero allí estaba de nuevo Flaminio, con su amplia sonrisa y su penetrante mirada, para hacerla olvidar todo. Él, muy caballerosamente, no le dejó ni respirar. Inmediatamente, y en presencia de su madre, le invitó a tomarse alguna bebida gaseosa en un sitio cercano.

Leo no caminaba, sus pies no tocaban la tierra. Sentía cómo su cuerpo entero flotaba al lado de Flaminio. Por momentos quería tomarlo de la mano, no para sentirse suya y que todos por la calle lo vieran, sino para no salir volando como un globo de feria en estado de total ingravidez.

Hablaron por largas horas, rieron y se conocieron mejor. Conversaron de verse en los próximos días, luego de que Flaminio regresara de Chiquinquirá, donde estudiaba, mientras que ella seguía trabajando para mantenerse. A pesar de tener edades similares, sus realidades eran muy distintas.

De nuevo, las noches de Leo se hicieron eternas, pero todos los desvelos fueron justificados cuando se reencontró con Flaminio; reencuentros que se repitieron una y otra vez con el paso de los meses en Maripí. Leo se sentía cada vez más ilusionada y él se mostraba más atento y cariñoso. Poco a poco iniciaron una relación que, a pesar de no verse tanto como dos jóvenes enamorados quisieran, debido a los constantes viajes de Flaminio a su secundaria, se hicieron una pareja fuerte.

Poco a poco se fueron compenetrando más y más. El instinto carnal de Leo fue aflorando en su piel. Aun sin tener experiencia en la pasión terrenal, su cuerpo le pedía que se dejara llevar con una hoja que cae un río, que flota en las dulces aguas, se deja llevar por remolinos, por corrientes turbulentas hasta llegar al éxtasis de una orilla segura.

Sin ningún tipo de planificación, Leo, con tan solo diecinueve años, dejó que Flaminio la marcara de por vida una noche calurosa, cuando los sudores de ambos cuerpos se mezclaron en una viscosidad suprema. Leo dejó de ser niña, Leo permitió que un joven la hiciera mujer. Flaminio era el indicado, el joven sería al que jamás olvidaría por el importante hecho de ser él quien la iniciaría en el camino del éxtasis carnal; y así fue.

En uno de esos encuentros donde el amor pululaba sus más grandes expresiones, tumbados sobre la grama de un campo vecino, Flaminio le confesó a Leo, algo que ninguna mujer quiere oír: "Mis padres no están de acuerdo con esto", expresión que turbó la paz de Leo, "Piensan que esto me desviara de mis estudios y del plan de vida que ellos trazaron para mí". Flaminio, luego de hacer una pausa, le expresa a Leo que a el no le importa lo que digan sus padres, que al final es su vida y que quería seguir viéndola, pero dejándole entreclaro que sería de manera furtiva.

Si bien Flaminio estaba colocando "las cosas en su lugar" para calmar a Leo y no perderla, sus palabras no fueron completas, fue una verdad a medias. La cruda verdad es que los padres de Flaminio le advirtieron tajantemente que dejara esa relación y que sí insistía en frecuentarla, no le permitirían volver más al pueblo. Flaminio para sus padres, era el hijo a quién dejarían el legado familiar, en el estaban depositadas todas sus esperanzas del negocio familiar, y que se convertiría en un hombre de bien, un hombre de familia respetable y no al lado de una campesina sin familia y sin estudios, que se dedica a ser comerciante para poder subsistir ella y un niño que no era su hijo.

Peor esta verdad oculta no pasó mucho tiempo a la sombra. Cierto día, un nefasto día para Leo, se consiguió cara a cara con el señor Juan, y cruelmente este le expresó que ella no era merecedora de un hombre como Flaminio, un joven próspero que debía conseguir a una mujer decente y de buena familia.

Leo quedó devastada, con una herida latente en el costado de su mente.

Leo siguió adelante con la relación. La joven no perdía oportunidad para tener un encuentro furtivo con Flaminio, quien, al principio, se demostró como todo un hombre responsable y enamorado, pero que, con el tiempo, se vio como las palabras expresadas por sus padres a diario comenzaron a hacer mella en la conciencia del muchacho de veinte años.

Leo aún sentía mariposas en el estómago cada vez que veía venir a su joven amante. Cada día se sentía más enamorada y con fuerzas para seguir luchando por su futuro. Por su parte, Flaminio lo tomaba más a la ligera, dándose cuenta con el tiempo de que nunca estuvo preparado para un compromiso total con Leo; influenciado por sus padres, lo tomaba más como una aventura y una rebeldía propia de su edad.

Luego de unos apasionados meses, Leo, caminando por el mercado, sintió un inusual cansancio. Todo a su alrededor le dio vueltas, estaba diferente, sin fuerzas. Fue en ese momento que un pensamiento la golpeó de frente como un destello de luz, el mundo se le detuvo en seco y, con los ojos abiertos como dos platos, recordó que su periodo menstrual no había llegado, que estaba atrasado o que simplemente no le llegaría por un buen tiempo. Se llevó las manos al vientre y lo supo, no cabía duda: dentro de ella comenzaba a crecer el fruto de su primer amor, de su único amor, de su primer hombre, de su único hombre: Flaminio.

Lamentablemente esta revelación le llegó a Leo en uno de los días que Flaminio se encontraba lejos del pueblo. De nuevo se vio sola, de nuevo viviría unos días de angustia en soledad, de noches eternas sin conciliar el sueño.

Nerviosa y ansiosa esperó el paso lento de los días para reencontrarse con su amado y contarle lo que estaba ocurriendo dentro de su vientre, dentro de su vida, pero tuvo que esperar aún más con esa noticia atravesada en la garganta, pues, el día de costumbre para la llegada de Flaminio, este no apareció.

Una semana más parecieron veinte años en la cabeza de Leo. Todos los días iba hasta el camino por donde llegaba Flaminio para ver si por casualidad el apareciera y le expresara un «se me complicaron las clases. Ya llegué, aquí estoy para ti», pero esto no ocurría.

Leo imaginaba en su mente las distintas reacciones que podría tener su amado al conocer la noticia de su pronta paternidad: ¿se alegraría? ¿Se molestaría? ¿Se fundirían en un fuerte abrazo, o simplemente se daría media vuelta y se iría? Pero por su cabeza no pasó ni por un segundo la avalancha que se le venía encima. Cuando Flaminio por fin apareció en el pueblo, ella, sin ningún tipo de introducción, abrió las compuertas de su boca y soltó la noticia que bañó al joven estudiante como una cascada de agua helada:

—Estoy embarazada.

Helada quedó Leo con la reacción de Flaminio, quien con tan solo tres preguntas le desarmó la vida entera en tan solo un segundo:

—¿Sabes quién es el padre? ¿Con cuántos hombres más has estado? ¿Inventas este cuento para amarrarme y casarte conmigo, un buen hombre de familia?

Leo experimentó en cada célula de su cuerpo algo que no entendía muy bien qué era. Una mezcla de ira, profunda tristeza y asombro invadió su cuerpo y su alma, hasta que comprendió que nunca en su vida se había sentido ofendida, por lo que decidió, en cuestión de segundos, darse media vuelta y dejar a Flaminio ahí parado con su soberbia... No quería verlo nunca más.

El sentimiento que invadió a Leo cuando recibió el insulto de Flaminio pudo haberle durado un mes, un año, una década, pero, sabiendo que en poco tiempo tendría otra boca que alimentar, decidió ir hasta el restaurante de doña Elena y don Juan con el fin de hablar con su hijo para pedirle un poco de responsabilidad en todo este asunto. Pasada una semana del desagradable incidente, Leo apareció en la puerta de El Corte de la Ternera. Inmediatamente le cortaron el paso los esposos Forero, solo para negarle la entrada al local, además de decirle que Flaminio se había marchado del pueblo y que no regresaría en un largo tiempo..., largo tiempo que se convirtió en para siempre. Flaminio jamás volvió.

Leo apartó su característica dureza y se permitió llorar. Dejó que las rutas que conducían a la finca se inundaran con sus lágrimas, que el colchón donde intentaba dormir y la almohada donde apoyaba su cabeza se derritieran como el algodón de azúcar cuando toca el agua. Leo dejó que los animales del corral la vieran llorar, que los morichales la vieran llorar. A veces se detenía solo para pensar de dónde salían en su cuerpo, cómo no se secaban, solo para empezar a llorar de nuevo. Sintió que el caudal de los ríos aumentó con sus lágrimas, que las mareas arrasarían con costas enteras por sus lágrimas.

Leo se permitió quedar días enteros sin fuerzas, acostada en la cama con los brazos abiertos como clavada en una cruz. A fin de cuentas Flaminio resultó no ser el indicado. Ella no podía creer que su príncipe amado la hubiese tratado de esa manera.

El primero en probar su carne, el primero al que se entregaba en su totalidad, el primero con quien pensó pasar el resto de sus días... El primero en plantarle una semilla de vida en su interior. No había más que hacer, había que llorarlo hasta el cansancio, hasta olvidarlo.

La joven muchacha decidió alejarse de todo saliendo lo menos posible de la finca en tierras frías en compañía de Miguelito, el niño que siempre fue su mejor apoyo, el que nunca la defraudaría, quien se había convertido en su mejor aliado, su apoyo más grande.

Leo enfrentaría su embarazo sabiendo que no tendría la misma libertad de movimiento ni la misma facilidad para trabajar. Sabía que la vida le cambiaría drásticamente, un cambio del cielo a la tierra, un giro sin retorno. Había momentos en que pensaba que un pequeño niño podría convertirse en una carga, pero inmediatamente movía bruscamente su cabeza hacia los lados como buscando borrar tan terrible pensamiento acerca de una persona inocente que ni siquiera había llegado a este mundo. Aferrándose a su madurez y fuerza, sabía que ella podía enfrentar la situación de la mejor manera posible, a sabiendas de que ahora tendría que trabajar menos pero ganar más dinero. Había que buscar una solución, plantear una estrategia.

Aunque no quería, aunque hubiese sido mejor borrarlo para siempre de su memoria, sabía que la mejor ayuda que podría tener para la crianza de su niño provendría de su padre. Por unos meses intentó encontrar al padre de la criatura, pero fue infructuoso, Flaminio había desaparecido del mapa de su vida, era como si la tierra se lo hubiera tragado, aunque Leo sabía que habían sido sus padres quienes influyeron en el joven para que no apareciera nunca jamás. En una familia honorable no era bien visto que su hijo, un estudiante tan respetado, tuviera amores, y mucho más dejara embarazada a una niña huérfana.

Llovía torrencialmente cuando Leo le pidió a Miguelito que fuera a la finca vecina y se trajera a la señora Petra. Los dolores por debajo de su vientre habían aparecido sin avisar. Estaba de pie frente al ventanal observando la lluvia caer cuando sintió que un líquido recorría su entrepierna llegando a sus tobillos. Había llegado la hora, aquí no había vuelta atrás, un nuevo niño arribaría al mundo esta misma noche.

La señora Petra entró a la casa empapada de agua de precipitación, si no estuviese lloviendo, gotas de sudor se asomarían por su frente debido al esfuerzo de la carrera que tuvo que dar, alentada por la noticia de que Miguelito le había llevado. Ahí estaba Leo, acostada en la misma cama donde tanto había llorado al padre de la criatura que hoy daría su primer aliento de vida.

Alirio Peña, apellido de su madre Leo, nació la noche del 28 de mayo de 1945. Una noche de tormenta, truenos y centellas.

Leo se sentía tan indefensa como ese niño, sentía que ambos eran unos recién nacidos en este mundo. Ambos temblaban acostados en la cama, Leo de miedo y Alirio de frío. Leo agradeció al cielo por la oportuna atención de la señora Petra, quien no era ajena a la labor de traer niños al mundo, ya que ella era la partera de la zona. ¡Gloria a Dios! Petra, vecina, amiga y partera, y ahora, maestra de Leo en el arte de cuidar un niño recién nacido.

De nuevo, Leo dio un salto hacia adelante en la línea de la vida, de un brinco atravesó varios escalones en camino hacia la adultez, hacia la vida madura. Todo esto era nuevo, claro está, nada propio de su corta edad.

Fue una época de agitación para Leo. El amor cambió su vida radicalmente. La promesa de vida y futuro que encontró en la profunda mirada de un apuesto joven se convirtió en un espiral descendente de amargura y soledad.

Sí, estaba sola con dos niños a su cargo, uno que recién abría los ojos al mundo y era dependiente de un sinfín de cuidados, y otro niño que a su corta edad se convirtió en su fiel compañero y columna de apoyo, pero que de igual forma no se podía valer por sí mismo en el mundo, un mundo en el que, si no se trabajaba, simplemente no se sobrevivía.

Era una tremenda encrucijada para la joven Leo. Pensaba constantemente en que necesitaba trabajar para llevar comida a la mesa, pero tenía una criatura que no podía dejar sin sus cuidados. No sabía qué hacer.

Los grandes saltos de madurez de Leo traían consigo una nueva coraza a la armadura que la vida iba poniéndole por pedazos en su cuerpo. Ahora comenzaba a darse cuenta de su nueva realidad, de lo cuesta arriba que se pondría todo en la casa, en su vida... Todo esto, con una inmensa primera decepción amorosa a cuesta que, aunque no quisiera, le pesaba como una gran roca sobre su cabeza.

Con el paso del tiempo en su mente comenzó a crecer el pensamiento de que ningún hombre la tomaría en serio por ser madre soltera. Fue un temor que su juventud se encargó de alimentar día a día en su cabeza. Ella siempre pensó que siendo una mujer bella y trabajadora podría conseguir un hombre de bien, pero no fue así: los que conocería posteriormente como llegaban se iban de su vida. Constantemente sería abandonada, lo que le llevó a sentirse lamentablemente como un objeto.

Más adelante, Leo se daría cuenta de que muchas veces fue rechazada por su carácter fuerte. El tiempo y los golpes que había recibido en la vida la convirtieron en una persona dura. Trataba de no dejarse manipular por los hombres, y no era sumisa, al contrario, era aguerrida y autosuficiente, y eso no era bien visto por los hombres.

Nada de esto amilanó a Leo, quien con cada tropiezo encontraba la forma de salir adelante.

Capítulo III

Transcurridos dos meses del alumbramiento de Alirio, bordeando los 20 años teníamos una Leo acostumbrándose a su nueva vida, muy apersonada de su papel de madre soltera, donde su prioridad era el bienestar del bebé y de Miguelito. Ante tal responsabilidad, la mente de Leo cavilaba en la manera para poder salir a trabajar, a mercadear como lo venía haciendo, a moverse en sus tan acostumbrados negocios y así poder proveer de alimento su hogar, mantener la finca y velar por el bienestar de los dos niños que estaban a su cargo. No había tiempo para remendar su corazón roto ni posarse en su pasado… solo mirar con determinación su hoy y su porvenir.

Leo rápidamente comprendió que su vida había cambiado para siempre. Su actividad de comerciante debía dar un vuelco entero; todo sería muy distinto a cómo lo venía haciendo, sus nuevas responsabilidades no le permitirían ir a los mercados y visitar los pueblos de la manera en que lo hacía antes.

Pero había que generar ingresos. Así que Leo poco a poco comenzó a salir de casa por momentos cortos para tan solo vender miel y algunos productos, todo, por cuestiones de tiempo, en menor cantidad a lo que estaba acostumbrada… Pero alg era algo. Muchas veces, cuando tomaba la decisión de salir de la finca, dejaba a Alirio bajo el cuidado de Miguelito. Siempre lo hacía por pocas horas, con la preocupación constante de haber dejado a un bebé en manos de un niño. En otras ocasiones se aventuraba con los dos niños para ir a hacer sus negocios, pero no le resultaba nada fácil desplazarse por esos caminos polvorientos y mucho menos, efectuar sus compras con una criatura tan frágil entre sus brazos.

Cierto día, en medio de una de esas andanzas, Leo vio un aviso de alquiler en una casa que se encontraba a orillas de la carretera de Maripí. El lugar se llamaba Buena Vista.

«¿Y si alquilo esa casa y monto una tienda?». El pensamiento de Leo extendió sus alas.

Todo el camino de regreso a la finca fue un ir y venir de ideas que afloraban en su raíz de comerciante. Siempre visionaria. Siempre aplicando los consejos de su padre. Pensó que sería lo mejor: una casa a un lado de la carretera. Vendería sus productos sin tener que salir y así podría encargarse con más tranquilidad de los niños. Aparte, ya Miguelito tenía doce años y tranquilamente podría ayudarla con este nuevo negocio.

El presentimiento, la corazonada de Leo estaba fundamentada principalmente en la ubicación de esa casa, al borde de un camino transitado, vía que unía un pueblo con otro, muy transitado todo el tiempo. En la parte de adelante montaría el negocio, donde todo el que pase se viera obligado en parar y, aunque sea por simple curiosidad, mirara todos los productos que Miguelito les ofreciera, mientras ella le supervisara o estuviese al cuidado de Alirio en ese momento.

Al llegar a la finca, al terminar los quehaceres, Leo se dispuso a dormir, siempre con la idea del nuevo negocio en la cabeza, idea que creció cada vez más y más en su cerebro en tan solo una noche.

El tiempo le enseñó a Leo que las cosas no debían pensarse mucho. Hay que seguir la corazonada, como le llaman. Veinte años, un bebé de brazos y un niño a su cuidado..., no había más que pensar. Apenas aparecieron los primeros rayos de luz de la mañana, Leo se alistó y salió de la finca en busca de los dueños de aquella casa de orilla de camino, su local de negocio, su facilidad y nuevo futuro.

No hay que negar que los dueños de aquella casa observaron a Leo de arriba abajo cuando ella les planteó su interés de alquilarla inmediatamente. Les sorprendió el hecho de que una joven de veinte años, con dos niños a cuestas, se desenvolviera de esa manera en los negocios. Les sorprendió que con tan corta edad fuera una persona tan madura y visionaria. Pero el nombre de Leo pesaba en cualquier decisión de trabajo en la zona. Su fama de comerciante le precedía y fue así como, sin pensarlo mucho, aquel matrimonio, dueños de la casa, le dieron las llaves de su futuro negocio.

Había que llevarse pocas cosas de la finca. Tanto Leo como Miguelito sintieron que este cambio sería temporal... La finca, que pasó a ser legalmente de Leo por un acuerdo entre hermanos, sería su hogar para siempre, o al menos eso tenían ellos presente en sus pensamientos.

Leo sintió por un momento que podría descansar al menos un poco sus preocupaciones sobre el cuidado de Alirio mientras ella trabajaba. Sentía que, por fin, luego de unos meses de ajetreo, podría acostarse boca arriba en una cama, abrir los brazos como en una cruz, exhalar toda su angustia y conciliar por fin un sueño reparador, ese que tanta falta le hacía. Por esta razón no dudo ni un segundo sobre el nombre con el que bautizaría la casa... «Mi refugio», expresó Leo, aliviada cuando la pequeña casa comenzó a aparecer a lo lejos en el horizonte del camino, que tanto ella como Alirio y Miguelito, transitaban en ese momento con algunas cajas y bolsas que contenían lo esencial para vivir, una pequeña mudanza para un gran paso al futuro. Tan solo dos días los llevó equipar la tienda. Pero Leo, con la experiencia a cuestas, decidió que no solo se venderían frutas, verduras y hortalizas en el lugar; pensó abrir el abanico y también ofrecer gaseosas, cervezas y más mercancía seca. Con mucha fe e ilusión, pintaron llamativos letreros con la intensión de atraer clientes, y así fue: en poco tiempo, la tienda Mi refugio estaba en boca de todos. Los lugareños sabían que con tan solo dirigirse al lugar encontrarían lo que buscaban en cuanto a alimentación se refería, además de contar siempre con la atención de la bella Leo, el servicio personalizado de Miguelito y una sonrisa del pequeño Alirio.

Transcurrió un año. 356 días de trabajo duro y continuo en la tienda, de atender clientes, conocer nuevos lugareños, y claro está, de nuevos contactos para sus negocios. A la finca fueron menos que lo que querían, pero tenían la convicción que era un sacrificio para levantar y acreditar el negocio. Este lapso de tiempo fue un tiempo para adaptarse al nuevo hogar, término que usaba Leo para denominar el sitio donde los tres forjarían su futuro.

Pero Leo sentía en su interior que esto no era suficiente. Si bien las ventas en la tienda iban viento en popa, debía salir de nuevo por los caminos del comercio para conseguir aún más para enfrentar los tiempos de tormenta con lo que se tenga guardado en la cuenta bancaría. Sí, siempre el ahorro por delante en la frente de Leo y la tienda no daba mucho margen de dinero para poder guardar.

Era el momento de entregarle al pequeño Miguelito aún más responsabilidades, era el momento de dejarlo al mando de la tienda mientras ella salía a buscar y vender más mercancía fuera de las seguras paredes que significaban Mi refugio. Total, Miguelito ya conocía a la mayoría de los clientes de la zona y sabría cómo comportarse ante alguno nuevo. El negocio ya se había convertido en un punto de referencia entre los pobladores y viajeros.

Sin darle más largas, un lunes, a las seis de la mañana, Leo reinició sus viajes.

En días anteriores había mantenido una larga y seria conversación con Miguelito. Hablaron sobre sus nuevas responsabilidades frente a la tienda y el cuidado de Alirio. Una vez más, la madurez de Miguel salió a flote y, tomándola de las manos y mirándola fijamente, le prometió a Leo que, mientras ella estuviera fuera, todo saldría bien… Él cuidaría tanto de Alirio como de la tienda, y ella podría comercializar nuevamente sin ningún contratiempo.

Leo mantuvo por varios meses sus viajes. A pesar de llevar siempre presente en su mente a Alirio y Miguelito, se sintió nuevamente libre para hacer algo útil por el bien de su pequeño núcleo familiar. Con cierto remordimiento, aceptó que ella no era mujer de estar en casa; necesitaba transitar los caminos y trabajar en lo que más le gustaba, el comercio. Por lo que significaba cuidar a un bebé y una tienda a la vez. Leo decidió viajar solo tres veces a la semana. Así se fueron acoplando todos en esta nueva rutina.

El joven José Martínez apareció en la tienda una mañana de calor. Por cuestiones del destino ese día Leo estaba al frente del mostrador de Mi refugio. Miguelito había ido a descansar un rato. El joven de estatura promedio y ojos verdes entró por la puerta e inmediatamente le sonrió a Leo con una picardía propia de los hombres que saben lo que quieren. Aunque era un habitante de la zona, la verdad es que Leo no le reconoció de ninguna parte, era un completo y misterioso desconocido para sus ojos.

Con la excusa de comprar cualquier cosa en la tienda, José siguió yendo al sitio solo para ver a Leo. Si bien no existía de su parte un cortejo con todas las letras hacia ella, el hecho de que fuese a diario al establecimiento dejaba entrever algún tipo de interés hacia la joven, quien aún sentía frescas, a flor de piel, las heridas dejadas por su relación con Flaminio. Ella había edificado una dura fortaleza a su alrededor, una edificación tan fuerte y alta que ningún hombre podría escalar o atravesar; quedaba de parte de José encontrar una hendidura por donde entrar a su corazón.

A pesar de que en un principio lo mantuvo al margen de su vida, Leo y José llegaron a desarrollar una bonita amistad. Era difícil para ella no flaquear ante la galantería y buen trato que a diario este joven le ofrecía.

Durante varios meses ella continuó su vida, trabajando y cuidando de los niños; nunca abandonó su tienda ni sus idas al mercado, siempre se mantuvo ocupada. Con mayor regularidad visitaba la finca para asegurarse de que todo estuviera bien, con la diferencia de que ahora no iba sola mientras Miguelito y Alirio estaban en la tienda; ahora José siempre estaba allí, para tenderle una mano cuando la necesitara.

Pasó un tiempo para que Leo bajara las defensas, pero así fue. Ella tendió puentes hacia el amor, siempre con cautela, pero embrujada de nuevo por el hechizo del entusiasmo, pues, gracias a la vida, ahora tenía una nueva presencia que le ayudaba a sobrellevar el día a día: un hombre generoso, colaborador, muy muy querido en el pueblo, aunque ella no lo supiera, buena persona y de buena familia, que por el entonces vivía con sus padres en Hoyo Caicedo.

No pasó mucho para que José se mudara a Mi refugio. Poco a poco sus habitantes aprendieron convivir bajo el mismo techo. El nuevo integrante de la familia se adaptó rápidamente al trabajo en la tienda y a la vida en la casa, lo que auguraba una convivencia tranquila.

A la par de los anhelos de José creció la familia. Cuando Leo se dio cuenta de que estaba embarazada, se lo tomó con calma y la noticia fue del completo agrado para el resto de los integrantes del hogar, sobre todo para José, quien con tan corta edad ya sabía que quería formar familia, una familia propia con la joven Leo.

Y así fue como el 8 de octubre de 1947 nació Isaura, una hermosa niña fruto del amor entre Leo y José..., primera hembra de Leo, primera hija de José.

Esta niña vino a afianzar aún más los eslabones de la vida familiar en Mi Refugio. Con el primer llanto de Isaura dentro de la casa, todos entendieron a la perfección que un núcleo se había formado dentro de esas paredes. Había llegado el momento de trabajar aún más, juntos, como tenía que ser.

Por aquel tiempo, el apellido de los niños se formalizaba con el bautismo; y aunque Isaura nunca obtuvo el apellido de su padre por no pasar jamás por una pila bautismal, ella fue la luz de los ojos de José, la niña que había llegado al mundo a iluminar la vida de sus padres y reforzar los lazos de la pareja con una tierna sonrisa.

Por su parte, la familia de José dejó de enviarle dinero, no porque estuvieran en contra de lo que su hijo hizo con su vida, sino que ahora, como cabeza de casa, él debía buscar el sustento por sus propios medios mientras Leo cumplía con sus labores de madre con su nueva pequeña… Fue así como todos se volcaron a la tarea de hacer crecer aún más la tienda, principalmente Miguelito, quien por aquel entonces ya tenía catorce años, edad suficiente como para transformarse en todo un adolescente hacendoso, pieza fundamental en el buen funcionamiento del hogar.

Al cabo de unos meses, Leo, siempre activa y en la búsqueda de más sustento para su casa, decidió retomar sus viajes a los pueblos para vender mercancía, y así retomar antiguos clientes que, por estar involucrada de lleno en su nueva vida, los tenía prácticamente olvidados. Ella no sabía si ya los había perdido, si sus fieles compradores habían encontrado nuevos proveedores; solo el visitarlos podría darle esa respuesta, solo saliendo de la casa llevaría más estabilidad económica a la casa.

Ella lo entendía así, a la perfección; sus años de experiencia en los negocios le empujaban a salir, pero José no lo veía de esa forma, él sentía que su mujer debía estar en casa a su lado, con él, con su familia, con su nueva niña. «Va a llegar un momento que solo la tienda no nos va a dar para comer», le repetía Leo a José, quien luego de un tiempo, aún con molestia, entendió tanto la situación como el hecho de que vivía con una mujer que en su naturaleza no estaba el quedarse congelada en un sitio esperando que el dinero llegara a la puerta del negocio, era ella quien tenía que salir a buscarlo.

Leo salía muy temprano y volvía algunas horas después. Al llegar, siempre estaba su pareja de vida en la tienda a la espera de algún cliente, hecho que cada día hacía más mella en la mente de José, quien seguía expresando su descontento con la vida que se estaban llevando y exigía a su mujer que se mantuviera en casa; pero ella, con su carácter fuerte, jamás lo entendió.

A unos pocos meses de haber retomado su rutina en los caminos y mercados de la zona, Leo comenzó a sentirse cansada. El sueño le invadía el cuerpo a lo largo del día, solo quería permanecer en la cama. Pensó que se estaba enfermando, hasta que se dio cuenta de la falta de su periodo menstrual. «¡No puede ser!». Su impresión dio paso a una nueva realidad: estaba nuevamente embarazada.

Leo, cegada por la impresión y en el fondo por la molestia de tener que pausar en poco tiempo toda su vida laboral nuevamente, llegó a pensar que este nuevo embarazo había sido buscado por José solo para retenerla en la casa... Pero aceptó su realidad, se mantuvo activa. Ella simplemente no sabía estar todo el día en casa, era una mujer que se había criado entre los mercados y el campo, por lo que, a pesar de su embarazo, trabajó hasta que su cuerpo se lo permitió.

El 9 de noviembre de 1948 nació su segunda hija, Margarita, una hermosa niña que le regresó la alegría al hogar, pero lamentablemente no sería por mucho tiempo.

Al sentirse recuperada del parto, Leo retomó sus andares por los caminos que llevaban a los pueblos y mercados. A pesar de la negativa de José, Leo continuo con sus labores rutinarias fuera de casa, que hicieron emerger nubes de tormenta bajo del techo de "Mi Refugio", las discusiones por doquier. Los estereotipos de la época y el marcado machismo generacional hacían mella en José, un joven convertido en padre de dos niñas, un joven proveniente de una familia amorosa y constituida, no veía correcto que una mujer estuviera en las calles del pueblo, codeándose con comerciantes hombres, mientras él se quedaba a cargo de los niños y atendiendo las ventas del negocio. Los reproches y reclamos eran el pan de cada día de José hacia Leo, que ella ahora era madre y esposa, que debía cambiar su estilo de vida y volverse una mujer de su hogar. Leo nunca aceptó ese pensamiento, ella siguió sus viajes y su trabajo de comerciante.

Una tarde Leo regresó a casa solo para encontrarse a José parado en la puerta con una maleta a su lado. Aquel joven decidió no jugarse una batalla más con la indomable Leo. Entregado a los brazos del cansancio y el hastío por la actitud rebelde y desafiante de su mujer, José la miró fijamente y, sin decir ni una palabra, del millón que quisiera haber expresado en ese momento, tomó sus pertenencias, se abrió paso y se fue de regreso a casa de sus padres para nunca más volver.

Leo sabía, muy en el fondo, que ella misma se había ganado ese desenlace, pero su soberbia era más grande que cualquier abandono; era su independencia la que no estaba dispuesta a negociar con ningún hombre. Su carácter fuerte ganó nuevamente en otra etapa de su vida.

Sola. Nuevamente sola rodeada de niños. Con cuatro a su cargo, Leo tomó la decisión de cerrar la tienda y regresar a la finca en tierra fría. No quería estar más en la casa, que, si bien les dio muchas alegrías y la bienvenida a dos niñas provenientes de su vientre, también se transformó en un recordatorio de que la vida en pareja es difícil si las partes no están en perfecta armonía.

Leo, su hijo Alirio, sus niñas Isaura y Margarita, y su siempre presente y por demás valioso Miguelito, emprendieron el camino a la finca para comenzar de nuevo. Al parecer esa sería la vida de Leo, nuevos y nuevos comienzos por el resto de sus días..., nuevos comienzos sin mirar atrás, pero comienzos y finales que le dejaban grandes experiencias y profundas cicatrices.

Pasaría poco tiempo para que Leo recibiera otro duro golpe.

Estando en tierras frías, el ya adolescente Miguelito comenzó a trabajar en el campo como jornalero. Con estas faenas diarias el joven traía algo de dinero a la casa, pero Leo, con su imponente carácter, le exigía más ayuda en la casa y en los negocios, algo que él veía como injusto. Con toda la fuerza de su rebeldía propia de su edad, comenzó a confrontar cada vez más a Leo.

Él siempre la vio, la percibió y la respetó como a una madre, pero comenzó a sentir que el trato de Leo hacia él era como el de una patrona a su trabajador, algo que tarde tras tarde, en medio de discusiones, le llenaban más de dolor y rabia el alma, hasta llegar al punto de decidir meter sus pertenencias en un saco y escapar por la ventana de su cuarto sin ningún rumbo, atravesando la oscuridad de la noche.

Leo quedó sola con los niños..., de nuevo.

Las soledades y dolores que habían dejado Flaminio y José no eran para nada comparables con la de Miguelito. Amores se consiguen en el camino; compañía, ayuda, un hijo, no. Nuevamente Leo se encontró en el cruce de vías de la incertidumbre... Ahora sin ayuda ni apoyo.

Como siempre, no había tiempo para llorar, mucho menos para detenerse. Había que conseguir la manera de trabajar para llevar comida a la boca de sus hijos, y así fue... Con tres infantes a cuestas, Leo siguió presente, no con tanta frecuencia, claro está, en los caminos que le llevaban a los mercados de los pueblos de la zona. Seguir comprando, seguir vendiendo..., eso era todo, no había más.

Fueron días de profundo cansancio, días de pensar en quedarse en la finca y no hacer nada, liberando el agotamiento de sus piernas, pero simplemente no se podía dar ese lujo.

Cierta tarde del mes siguiente golpearon la puerta de la casa de Leo. Tres golpes a la puerta que le devolverían la vida a su cuerpo. Al abrir estaba Adán, su hermano mayor, parado en el portal, y detrás de él se encontraba un joven de ojos cansados: era Miguelito. Adán había traído de vuelta al compañero de mil batallas. Al comandante en jefe de las guerras de la vida.

Lo que hizo Miguelito en su ausencia hasta el sol de hoy sigue siendo un misterio. Adán contó que lo encontró por casualidad en una calle de un pueblo vecino. Miguelito le explicó que estaba viviendo con su padre, pero en el estado en el que fue encontrado se pone en duda el relato. Lo importante es que el muchacho había regresado, que estaba bien y dispuesto a continuar trabajando como jornalero a medio tiempo y ayudar más en los quehaceres de la finca.

Así pasaron los meses, en sana paz y armonía…

Un día, el señor Nersario, dueño de la finca vecina, tocó a la puerta de Leo. Saludó muy amablemente y le pidió que se sentaran a conversar sin decir mucho más. Leo, extrañada, preparó café y de manera apresurada colocó una silla frente al hombre.

—¿Ha ocurrido algo? —preguntó Leo sin más titubeos.

Nersario, un señor mayor y bien parecido, vivía en la finca de al lado junto a su esposa Clotilde y sus dos hijos. Siempre habían mantenido una relación bastante lejana para ser vecinos, por lo que Leo estaba extrañada por su visita.

El hombre, muy pausadamente tomó aire.

—Señora Leo, mi familia y yo queremos comprar su finca. Queremos agrandar la nuestra y la suya es ideal para nosotros.

Leo quedó en con los ojos completamente abiertos, ahogada en un profundo silencio. Cuando por fin pudo salir a nado de ese lago sin palabras, alcanzó a decir solamente:

—Deme unos días para pensarlo.

Pero ella muy en el fondo sabía que no iba a necesitar muchos días. Ella se conocía, sabía que su decisión, bien fuese negativa o positiva, rápidamente sería tomada.

Como siempre pensando en los negocios y en la manera de tener a flote a su familia, Leo vio en la propuesta de Nersario una forma de invertir, por lo tanto, una oportunidad de mejorar su vida. Lo que sí la detenía por cortos momentos era el pensamiento de qué hacer si vendía la finca.

Como ella en los negocios nunca daba un paso en falso, antes de ofrecer una respuesta decidió visitar algunas fincas de la zona que estaban en venta. Recordó que unos meses atrás había visto una no muy lejana que se llamaba El Cubo, una hacienda bastante grande.

Leo durmió esa noche con la imagen de la hacienda pegada en sus sueños, hecho que tomó como una premonición. «Mañana mismo voy a comprar ese terreno», se vio diciéndose a ella misma frente a un espejo mientras flotaba a centímetros de la cama. Despertó emocionada. No había tiempo que perder, iría luego de su ronda por los mercados de la zona.

Leo venía transitando por un largo camino de polvo cuando a lo lejos comenzó a aparecer la entrada a la hacienda. Dos pilares blancos sostenían a lo alto un cartel donde se leía: «El Cubo».

En ese momento su corazón daba brincos dentro de su pecho. Era una oportunidad que, de llegarse a concretar, llevaría su vida y la de su familia a otro nivel. Ya se sentía como toda una patrona, poniendo en práctica todo lo aprendido de su padre en cuestiones del campo. Se veía montada a caballo recorriendo las tierras arreando el ganado, dando de comer a los animales… En fin, se veía dueña de una tierra que le llenaría de orgullo y estabilidad, algo nunca visto en una mujer de la zona.

Leo abrió la reja de la hacienda y se dirigió a la casa principal. Su duda se convirtió en angustia: Después de tanto soñar, ¿la hacienda seguiría en venta? Con cada paso más le gustaba lo que veía: la gran casa, los establos, un lago, morichales… Tocó la puerta de madera. Pasaron tan solo unos segundos, que a Leo le parecieron años, y una mujer abrió. Era la señora Cortez, dueña, junto con su esposo, de la hacienda.

—Vengo para hablar de negocios —dijo Leo—. Me encanta la hacienda, pero terminen ustedes, quienes han vivido aquí por muchos años, de convencerme a comprarla.

Los esposos Cortez le aseguraron que sería un sitio ideal para ella y su familia. Leo salió de allí con el mayor de los entusiasmos, dispuesta a darle una respuesta positiva sus vecinos.

Tan solo seis días pasaron desde la visita del señor Nersario…, en tan solo seis días Leo había decidido dar un vuelco a su vida con un paso tan importante como vender la finca a la que le unía un lazo de raíces de memoria. Pero pensó más allá, lo vio como un negocio, pues El Cubo era una hacienda donde podía sembrar y tener animales que le generaran ganancia, así podría estar más tiempo con sus hijos para enseñarles sobre las labores del campo como hizo su padre con ella.

A los pocos días Leo vendió su finca, mientras, paralelamente hacía negocio por El Cubo. Ella tuvo que mover los hilos con cautela, dando minuciosos pasos en las negociaciones, debido a que su nueva adquisición era más grande y completa en servicios. Debía poner dinero de sus ahorros para la compra. Teniendo siempre presente en mente el dinero que con mucho ahínco guardó en la Caja Agraria, no pensó mucho para invertirlo completamente en la hacienda ganadera, de leche, de grandes corredores, buenas aguas, potreros y hermosos campos que producían mucho pasto. Se sentía muy orgullosa de los pasos que había dado en su adolescencia, mismos que la llevaron hasta la realización de este sueño: tener la hacienda más grande de la región..., tener los documentos que dijeran que era de ella y de nadie más.

Leo se había quedado sin dinero, no tenía para comprar animales ni comenzar a sembrar, pero estaba a solo días de mudarse, inmersa en una gran ilusión, a nuevo hogar.

El negocio entre la familia Cortez y Leo se desarrolló en distintas sesiones por varios días. No era tan sencillo realizar un cambio de dueño de una propiedad de tal envergadura; la documentación debía estar cristalina, sin ningún margen de error; la entrega y deposito del dinero, igual, cristalino, contando hasta el último céntimo para entregar las llaves.

El penúltimo día antes de cerrar completamente el negocio, el señor Mario Cortez acudió a la cita en compañía de su sobrino, Clemente Cortez, un joven apuesto, de 1,80 de estatura, cabello marrón, bastante educado y de impecable vestir, que inmediatamente posó sus ojos sobre Leo, de quien ya había escuchado historias sobre su belleza y su soltura al momento de hacer negocios. Pero Clemente sintió que todo lo que le habían contado sobre esta mujer se quedó corto al conocerla

49

personalmente. El primer impulso, el natural que afloró de aquel joven, fue alabar a Leo por la compra de tan hermosa hacienda. Lo que realmente le encandiló de aquella joven fue ese gran logro, conseguido por ella misma, por sus propios medios, con su propio dinero, sin tener que depender de absolutamente nadie. El flechazo fue inmediato.

Siete días tuvo que esperar Clemente para ver de nuevo a Leo. El lamento se transformaba por momentos en esperanza con tan solo recordar el rostro de aquella bella mujer. Sí, lo reconocía a diario, había quedado prendado de la campesina empoderada, la nueva ama y señora de El Cubo. Llegado el día, el señor Cortez llegó con su sobrino para la firma final, el punto que pondría todo el porvenir en los brazos de Leo. Un apretón de manos y un intenso cruce de miradas por parte de los jóvenes.

El señor Cortez se puso a la entera disposición de Leo, momento que Clemente no iba a desaprovechar para enfilar toda su artillería de halagos y galantería hacia la nueva dueña de la hacienda. Para sorpresa de todos los presentes, el encantador joven dejó fluir todos sus deseos y sentimientos cuando le prometió a Leo que no la dejaría sola y que constantemente la visitaría de manera amistosa.

Al parecer las llamas de la pasión volverían a encenderse en el alma de Leo, que ya con dos fracasos había comenzado a crecer en su interior la duda hacia los hombres, pero el destino se encargaba de enseñarle que no había peor consejera que la soledad. Vio que podría sentirse querida de nuevo, acompañada y apoyada, con el aliciente de haber conquistado de manera inmediata a un hombre codiciado por las mujeres del pueblo, un hombre muy atractivo que llamaba la atención de muchas por su porte, educación y buena familia.

La mudanza de Leo y su familia se dio en medio de un momento muy complicado para Colombia: un conflicto crecía entre liberales y conservadores cuando asesinaron al candidato que se perfilaba con más opciones para ser presidente de la nación, Jorge Eliezer Gaitán, lo que generó gran tensión en todo el territorio.

Leo veía como la violencia se incrementaba hasta llegar a despertar los niveles más bajos de instinto animal en lo hombres. Ella vio el nacimiento de Las Chusmas, un grupo de irregulares que, sin mediar palabra, entraban a las propiedades solo para asesinar a sangre fría a los que no compartieran pensamiento político con ellos.

Fueron momentos muy duros que marcaron profundamente la vida de los campesinos, quienes de tanto en tanto debían dormir en distintos lugares y en grupos por temor a una inoportuna visita de Las Chusmas.

Clemente rápidamente comenzó a demostrar que era un hombre de palabra que cumplía con sus promesas. Ayudó a Leo con su mudanza y asistía constantemente a visitarlos, hecho que Leo agradeció eternamente porque, aunque ella se aceptaba como una mujer por demás independiente, era necesaria la presencia de un hombre en esos momentos de turbulencia política.

Como era de esperarse, Leo fue rindiéndose ante los actos del galante joven. Poco a poco se fue enamorando.

Ella sentía que con Clemente podía construir lo que no pudo con José, una relación amorosa y de negocios, una pareja exitosa, ya que él conocía a la perfección el mundo del campo, la entendería mejor que José. Tendrían todo el apoyo mutuo para salir delante de cara al futuro, amor y estabilidad.

La decisión de dejar entrar a Clemente en su corazón estaba tomada. Él se mostraba como un hombre perfecto, un apoyo en el amor y en lo económico, un hombre sin vicios, sin aspecto negativo, se mostraba educado y sincero.

Si bien José había salido de la vida de Leo y sus hijas cuando esta decidió regresar a tierras frías, él no escondió su molestia y decepción cuando se enteró de que había un nuevo hombre en la vida de la mujer que tanto amó. Cuentan que una vez, en una tertulia de plaza, expresó que no quería ver de nuevo a sus hijas, porque verlas le recordaría el rostro de Leo, y esa era una cara que él deseaba olvidar para siempre. Cuentan que José se embarcó en un viaje de olvido, que estuvo rodando por distintos pueblos y ciudades, y algunos llegaron a asegurar que recibieron cartas de él con membretes de países que ni siquiera sabían que existían. José salió de la vida de todos.

Lamentablemente, con el tiempo Leo comenzó a ver con dolor y preocupación cómo la verdadera cara de Clemente se mostraba detrás de una máscara, que con el pasar de los días iba cayendo en pedazos al suelo de la decepción. Ella no entendía por qué Clemente le había hecho eso a ella y a su familia. ¿Por qué los enamoró a todos con mentiras de amor? Lo cierto es que no resultó ser el hombre que se esperara que fuera.

Una nueva decepción en puertas, pero Leo no podía atribuírsela a su gran defecto de dejarse llevar por las galanterías de los hombres guapos y que se mostraban como trabajadores y de buena fe, a los cuales, a pesar de ella ser tan fuerte, le engañaban fácilmente; no, lo de Clemente fue embrujo puro.

Luego de exponerse como un hombre más que ideal, Clemente demostró que le gustaba el licor, se emborrachaba constantemente en fiestas o lugares a los que iba solo, no ayudaba para nada en la hacienda y se volvió una carga, solo buscaba calmar sus deseos sexuales con Leo, a pesar de que su fama de mujeriego iba creciendo a pasos agigantados en el pueblo, ya que siempre fue un hombre apetecido por las mujeres.

Producto de estos encuentros carnales Leo quedó nuevamente embarazada. Su cuarto hijo, Eliseo, llegó el 26 de octubre de 1951.

Las peleas en el hogar aumentaban de la mano con las decepciones, y Miguelito decidió no ser, otra vez, testigo de la desintegración de su casa; simplemente no soportó más la situación y decidió nuevamente emprender camino a la vía de la existencia. Se fue solo bajo un techo de estrellas con la vida, simplemente la vida, como destino.

Una vez más, Leo se encontró sola rodeada de gente. Una vez más debía afrontar el camino del trabajo duro en un desierto de gente. Lo de ella con los hombres era arar en el mar.

Cuatro niños que alimentar, una hacienda que recién empezaba a marchar... Toda una vida por delante.

Capítulo IV

Leo fue perdiendo el control de su vida.

Clemente se vendió como el hombre ideal, el que toda mujer desearía a su lado, el caballero que nunca fallaría, que siempre estaría presente, íntegro en todos los momentos de la vida, en las buenas y en las malas, y así lo compró Leo. Pensó que sería la persona que siempre estaría a su lado hasta que sus ojos se cerraran para siempre en el futuro, el hombre que ella necesitaba para seguir adelante hasta el final; se vio rodeada de hijos y de prosperidad, todo lo que una familia representa, un legado para la vida.

Pero lamentablemente el corto tiempo se empeñó en demostrarle que esto no iba a ser así: Clemente se convirtió en una carga muy pesada para sus hombros, Clemente se transformó en una nueva decepción en la vida de Leo, pero ella no lo quería aceptar del todo, su corazón enamorado se imponía a la razón de su cabeza; a pesar del egoísmo extremo demostrado por Clemente y su machismo exacerbado, ella pensaba que lo podía hacer cambiar, transformarlo en el hombre que ella creía que estaba escondido en el fondo de su ser.

Cada día las peleas se tornaban más fuertes, a veces hasta sin motivo. El desvelo de Leo hasta altas horas de la noche o madrugada a la espera de la llegada de Clemente, quien volvía impregnado con un fuerte olor a alcohol, se volvió algo cotidiano.

Una de esas noches eternas, de esperarlo sentada en la ventana de la casa de la finca, Clemente apareció muy tarde queriendo someter a Leo para poder descargar toda su furia carnal acumulada por una noche de parranda y alcohol. Leo gritó, pensó que era el momento de decir fuertemente que no, que no lo haría con él, que estaba cansada de la situación, pero la inesperada respuesta que recibió fue un duro golpe que Clemente le propinó en el brazo derecho con un bordón. Ese duro instrumento utilizado por los campesinos para someter a los animales hizo entender a Leo que de ahora en adelante ella sería tratada así, como una bestia que su domador podía manejar a sus anchas.

Estas situaciones cada vez más frecuentes doblegaron a Leo. Había dejado de ser la mujer fuerte que todos conocían y comenzó a ser una víctima de Clemente. Ella misma no podía entender cómo seguía estando con él, cómo permitía esas golpizas sin hacer algo para evitarlo. Se volvió sumisa ante la situación, se fue dejando llevar por el tiempo, y lo que ella soñó como un futuro luminoso se fue alejando poco a poco, abriendo paso a una relación enfermiza de la cual no pudo escapar por mucho tiempo.

La moral y autoestima de Leo fueron decayendo con el paso de los días. Aquellos viajes de comercio que estaba acostumbrada a hacer quedaron en el pasado. Ahora vivía de lo que Clemente le daba, que en realidad era muy poco, casi nada.

Buscando una manera de sobrevivir, Leo decidió solicitar un crédito en la Caja Agraria para invertirlo y así poder alimentar mejor a sus hijos. Debido a su conducta bancaria, no duraron en otorgárselo. Leo tuvo por un tiempo un respiro económico, pero más adelante volvió a sentir cómo los nudos de la soga del dinero le apretaron el cuello nuevamente y no pudo seguir pagando las cuotas impuestas por el banco, perdiendo así esa ayuda económica. La vida de Leo se había reducido a soportar los desplantes y humillaciones de Clemente y a tener hijos con él.

En medio de esta terrible situación tanto amorosa como económica, una desesperada Leo comenzó a notar en su cuerpo un nuevo embarazo. No lo podía creer, estaba devastada, pero debía seguir adelante.

Sin encontrar consuelo, apoyo ni salida, decidió ir a la iglesia del pueblo en búsqueda de luz y aquel bálsamo que le prodigara sosiego. Pensó que al elevar una oración desesperada recibiría una respuesta de parte del creador. Y así fue, Dios le envió un ángel protector vestido de sacerdote: el padre Corredor.

El padre y Leo formaron un bonito lazo de amistad y apoyo. Él escuchaba atentamente los lamentos de la deprimida y solitaria mujer, a los que respondía con sabios consejos llenos de esperanza y fe sobre el futuro. Pero la ayuda no llegó hasta allí. El padre Corredor, en un gesto de inmensa nobleza, decidió tenderle aún más la mano a Leo prestándole dinero, el cual ella invirtió en la compra de tres vacas lecheras para la finca.

Todas las madrugadas, Leo y sus hijos se levantaban para ordeñar las vacas. El nutritivo líquido obtenido de los animales era dividido en tres: para la casa, para la venta y para el padre Corredor, como muestra de agradecimiento por ser la única persona que tendió la mano a Leo en el momento que más la necesitó.

Los niños reían a carcajadas al ver el bigote de leche que se le formaba al padre Corredor sobre el labio superior de su boca cuando tomaba la leche. Este, sabiendo la dura situación que vivían los pequeños integrantes de la familia, hacía más muecas, que aumentaban las risas. Leo no tenía palabras para agradecer estos momentos de felicidad.

Por ser hijo de una pareja económicamente estable, Clemente recibía periódicamente dinero de sus padres, los cuales, además, apoyaban las actitudes que tenía hacia Leo. Él, al ser un hombre hábil y encantador para los negocios, con ese dinero invertía en uno que otro negocio rápido, lo que le daba para seguir pagando sus noches de parranda, excesos, mujeres y alcohol, olvidando por completo la responsabilidad que tenía con su pareja y el hijo que venía en camino. No siempre dormía en la finca y, cuando lo hacía, aparecía siempre de noche, esperando que Leo le tuviera comida caliente servida en la mesa. La mayoría de esas noches, la obligaba a tener relaciones carnales a cambio de no propinarle una brutal paliza.

Leo ya no tenía fuerzas, ya no encontraba cómo defenderse, solo pensaba en proteger a los niños y a la criatura que crecía en su vientre. Clemente se había encargado de reducirla física y moralmente. Ella no sabía cómo salir de esa vida; aún sentía amor por la imagen de aquel hombre, aquel verdugo que tanto daño le hacía, por eso no era capaz de irse o correrlo de la finca.

Aquella mujer que tanta fuerza encontró dentro de su ser para sacar a su familia adelante a pesar de tantos golpes recibidos por la vida comenzó a deprimirse y a sentirse mal con ella misma, por eso su vida seguía igual.

El 12 de julio de 1953 nació Yolanda. Ya Leo no necesitaba partera, ella misma se sentía capaz de recibir en este mundo a sus hijos, y así fue. La niña resultó su nuevo faro de luz, pero a la vez su nueva preocupación.

Pero Leo recibía, muy de vez en cuando, ciertas felicidades y visos de gozo. Con el tiempo, Alirio, su primer hijo, pudo empezar a asistir a una escuelita cercana. Resultó ser muy buen estudiante y siempre tuvo un excelente comportamiento, a pesar del difícil y desquebrajado ambiente donde iba creciendo, rodeado de violencia familiar.

Aparte de este hecho, que le llenaba de orgullo, la monotonía había llegado para quedarse en la vida de Leo. Sus ojos se abrían de manera automática por las mañanas solo para atender a sus hijos, enviar a Alirio al colegio, ordeñar las vacas, cocinar y satisfacer sexualmente a Clemente.

El 20 de enero de 1955 nació Arbello, otro hijo fruto de los arrebatos sexuales ocurridos en la casa de la finca soñada de Leo. Ya eran seis los niños a su cargo. Sin dinero y sola, atrapada en la cárcel en la que se había convertido su propia vida.

En medio de su desesperación por sacar a sus hijos adelante y llevar comida a la mesa, Leo decidió vender una pequeña parte de la finca que tanto amaba a sus vecinos. Con ese dinero logró aguantar un tiempo más los embates del hambre y las necesidades de sus hijos, tiempo en el que Clemente iba y venía sin ningún reparo o remordimiento por el estado en el que se encontraba su familia. Sin ningún tipo de vergüenza o peso en su conciencia comenzó a dormir cada vez más fuera de casa y a los días volvía para seguir su reinado de terror en la casa.

Asariel, el séptimo niño de Leo, nació el 12 de agosto de 1956. Leo y Clemente siguieron en su misma rutina. Nada cambiaba.

Se podría pensar que las cosas llegarían a un punto culminante, pero no era así, hecho que quedó evidenciado un día que los vecinos se vieron en la necesidad de llamar a la policía por los gritos provenientes de la finca.

Resulta que la golpiza que le estaba dando Clemente a Leo era tan fuerte que los vecinos pensaron que se llegaría a un hecho de sangre o hasta la muerte misma, pero, cuando llegaron los efectivos policiales al sitio, Leo negó que hubiese agresiones dentro de la casa, defendiendo así al padre de sus hijos y pidiéndole a los oficiales que se fueran del lugar.

La pelea continuó, la violencia había llegado a niveles sin retorno. Alirio, quien ya tenía once años, recordó el momento en que Clemente le había herido el brazo a su madre, y sin mediar las consecuencias, se le fue encima a Clemente. Como una fiera, el niño tomó con todas sus fuerzas al hombre desde atrás del cuello, rodeándolo con su pequeño brazo tratando de ahorcarlo. Clemente lo sacudió como quien sacude una hoja de árbol sobre el hombro y Alirio cayó de plano al suelo. Inmediatamente se puso en pie, solo para recibir un fuerte golpe de puño propinado por Clemente, quedando malherido recostado de una pared. Clemente huyó del lugar corriendo de la manera más cobarde que sus pies le permitieron. No regresó por algunas semanas, y cuando lo hizo, fue por poco tiempo, solo iba de vez en cuando a divertirse con Leo, era lo único que buscaba en esa finca sexo y comida.

Leo vendió un segundo pedazo de la finca. Con mucho dolor veía cómo esta se iba transformando en un rompecabezas de piezas que poco a poco iba entregando para poder subsistir. Era la única forma que le quedaba para llevar el sustento a la casa. Además de tener que quedarse en la finca para cuidar a los niños, sus capacidades se vieron aún más limitadas por un tiempo, debido al golpe que había recibido en el brazo, dejó una lesión evidente. Tal vez por vergüenza, o tal vez por falta de tiempo, ella no quiso acudir a un médico para que se lo revisaran. Gracias a Dios, contaba con la ayuda de sus hijos, quienes bajo la tutela de Leo poco a poco fueron aprendiendo más cosas sobre el quehacer diario de una casa y una finca.

El evento que rompió la monotonía de los días vino cuando Eliseo y Yolanda, que aún eran muy pequeños, se dirigieron al pozo cercano en busca de agua fresca para tomar en casa. Una vez parada en el borde del pozo, Yolanda quiso ver cuán profundo era. Al mirar solo una inmensidad negra al fondo, se inclinó aún más, resbaló y cayó dentro del pozo. A Eliseo no le dio tiempo de sujetarla. Todo fue muy rápido, no lo podía creer, en un momento Yolanda estaba allí, y en cuestiones de segundos había desaparecido dentro de las fauces de un largo agujero negro.

Eliseo sintió que sus piernas le quemaban por la velocidad con la que corrió a casa en busca de Leo. Pero ella sabía que no podría hacer mucho con el brazo en el estado que lo tenía, por lo que fue rápidamente a buscar ayuda de un vecino. Ya Juan, el dueño de la finca de al lado había escuchado el alboroto y venía al rescate. Juntos, los tres se dirigieron al pozo. Angustiados se asomaron sin poder ver nada, pero sí, se escuchaban los gritos de Yolanda en el fondo. Juan tomó una cuerda que se encontraba en el lugar y la lanzó, y le dijo a Yolanda que se sujetara a ella con todas sus fuerzas.

Yolanda sintió cómo sus pequeñas manos ardían por la fuerza con la que estaba sujetando la cuerda, pero poco a poco, con cada tirón de Juan, ella veía la luz cada vez más cerca, hasta que por fin salió. Alegría plena. La niña solo tenía unos cuantos raspones y un gran susto en la boca del estómago.

De regreso en la casa, Juan estuvo acompañando a Leo por un rato. Evidentemente ella se encontraba muy mal por el susto que acababa de pasar, pero en medio de la conversación, sintiéndose un poco segura por el hombro amigo, Leo abrió las compuertas de un llanto reprimido por mucho tiempo. En ese caudal de lágrimas dejó correr días de peleas, golpes, vejaciones. Literalmente se partió en dos. Sentada sobre la silla se inclinó hacia delante y como en una especie de exorcismo dejó salir todo lo que llevaba por dentro.

Juan, que por ser vecino de la finca ya tenía una idea muy clara de lo que pasaba dentro de la casa, extendió su mano y tomó la de Leo. Ella solo repetía que era prisionera, tanto de la vida como de un hombre hostil, violento. Juan le dijo lo que era evidente, pero ella no se atrevía a ver, que debía dejar esa relación bajo cualquier costo o terminaría muerta y sus hijos huérfanos; que ella debería estar con un hombre que de verdad la apoyara, alguien con quien borrar a Clemente de su vida para siempre.

Esas palabras se pegaron con clavos en la mente de Leo. Durante varios meses intentó evitar a Clemente, pero era imposible, su agresividad hacía doblegar la mente, espíritu y cuerpo de Leo. Ella con tal de evitar otra paliza terminaba haciendo todo lo que él le dijera. Estaba complemente humillada y sometida por él.

Una tarde Leo salió sola a hacer compras, y durante la caminata grandes lágrimas corrían por sus mejillas debido al pensamiento recurrente que taladraba su mente: en lo que se había convertido su vida y en lo bajo que había caído luego de ser una mujer tan empoderada y haber subsistido a todas las pruebas que le había puesto la vida.

Una imagen de Miguelito se le apareció en el pensamiento. Una imagen salida de los pasillos de recuerdos de su mente. Lloró aún más fuerte al pensar que hasta ese niño convertido en joven, ese alfil de batalla lo había perdido, había desaparecido de su vida por culpa de un hombre que no valía la pena.

Pensaba y pensaba mientras caminaba. Sabía que solo se movía por sus hijos, lo más importante de su vida, o más bien lo único importante de su existencia, porque hasta sentía que su propia vida no tenía ningún valor. Leo había tocado fondo.

No pudo más, tuvo que sentarse en un banco de la plaza del pueblo. Las lágrimas no paraban. Sentía cómo se secaba por dentro, que su piel se marchitaría ahí mismo por la falta de líquido en su cuerpo. Colocó su cara entre sus manos y comenzó a pensar en su vida y el poder de las palabras de Juan: «Debes estar con un hombre que de verdad te apoye».

Tomando aire con fuerza, se levantó del banco para seguir su camino al mercado. Sus pasos fueron interrumpidos por un hombre de estatura media, de facciones duras, con cigarro en mano, que le preguntó si se encontraba bien. Leo, sorprendida por cómo el hombre la había abordado con tanta seguridad de sí mismo, le respondió que sí, que estaba perfectamente.

Aquel hombre le aseguró que no valía la pena llorar, y mucho menos si era ella la Doña Leo de la que le habían hablado. Él sabía quién era ella, pues era de la zona y había escuchado en una que otra conversación de la gran mujer que había comprado la finca El Cubo. Extrañamente para Leo, por ser la primera vez que veía a ese hombre, las palabras fluyeron sin ningún tipo de reparo. Estuvieron conversando largo rato y Leo logró distraerse de todos los problemas. Y así, sin más, se despidieron para seguir con sus respectivos caminos. Leo pensó en aquel extraño por unas cuadras, en lo raro que había sido hablar abiertamente con otro hombre, y un completo extraño para ella, y aún más, mantener una conversación diferente a la que había tenia los últimos años; repasó en su mente todo el momento, recordando cada palabra expresada hasta llegar a su nombre... Se llamaba Jesús.

Esa misma tarde, ya en la finca, tocaron a la reja de entrada. Para sorpresa de Leo, al abrir, vio que era aquel osado hombre del cigarrillo llevando una cesta llena de frutas que había comprado en el mercado para regalárselas. Ella las aceptó, pero no dejó que Jesús entrara a la finca ya que era un completo desconocido. Al cabo de un corto tiempo, Jesús se despidió y se fue por el mismo camino por el que había llegado.

Juan se encontraba en su finca observando todo lo que estaba pasando. Cuando Jesús se había ido, se acercó a Leo diciéndole:

—¿Conoces a Chucho?

Ella, desconcertada y sorprendida de que Juan lo conociera, le contó que recién lo había conocido ese mismo día.

—Tienes mucho tiempo encerrada en tus problemas y ya no conoces a la gente del pueblo —expresó Juan, quien, bajando el tono de su voz, dijo algo que sorprendió a Leo—: Ese es Chucho Cañón... Es buscado por la policía. Es un hombre peligroso y se dice que es un asesino.

Leo quedó petrificada en el sitio y en el tiempo. Un escalofrío recorrió su espalda mientras pensaba en la seguridad de sus hijos y la suya propia. Juan se dio cuenta y, como algo jocoso agregó:

—Podrías correr a Clemente de tu vida con ayuda de Chucho...

Leo sonrió sin darle importancia, pero lo que no sabía es que esas palabras quedarían dando vueltas en su cabeza por las horas siguientes.

Jesús, mejor conocido como Chucho Cañón, volvió a la finca al día siguiente. Leo se encontró en una situación un poco tensa que puso a prueba sus nervios. Por un lado sentía muy en el fondo cierto temor de que Clemente regresara a la finca y se encontrara a Chucho en el sitio, y por otro las palabras de Juan aún la hacían estremecer. Se encontraba hablando y compartiendo con un hombre buscado por la ley, un hombre que muchos pensaban que era un asesino, pero que en tan corto tiempo de hablar le inspiraba seguridad.

Poco a poco comenzaron una buena amistad, ella con cierto recelo por todo lo que Juan le había dicho, pero de una manera práctica pensó que sería su única salida con Clemente. Después de muchos años estaba decidida a hacer algo para mejorar su vida, por muy demente y radical que sonara.

El tiempo se encargó de que Leo y Chucho se compenetraran cada vez más. El acercamiento se fue estrechando. Leo respiraba la tranquilidad que le daba la presencia de Chucho y también el hecho de que Clemente tenía ya unas cuantas semanas que no ponía pie en la finca. En una de esas tardes de tertulia Leo le fue completamente sincera a Chucho. Le contó la historia de su vida y le confesó que con él sentía un respaldo y una compañía que la ayudaba a sentirse mejor. Fue allí, en ese momento, cuando los dos veían el atardecer sentados en el pórtico de la casa, cuando Chucho le prometió a Leo que siempre la protegería.

Pasados unos días Clemente apareció por la finca con sus ínfulas de marido dueño y señor de todo. Entró por la reja principal gritando a todo pulmón que había llegado el patrón de la

65

finca y que como tal debían tratarle. Exigía ver a Leo, que se apareciera inmediatamente. Pero quien se apareció cortando su camino fue nada más y nada menos que Jesús Chucho Cañón.

—Leo no puede salir ni quiere salir en este momento —expresó con voz de mando.

Clemente quedó atónito, jamás pasó por su cabeza que Leo podría estar con otro hombre, y mucho menos que se tratara de Chucho Cañón, un delincuente perseguido por la policía del pueblo.

Clemente sacó fuerzas del miedo y se enfrentó a Chucho diciéndole que Leo era su mujer y de nadie más, a lo que Chucho respondió con voz amenazante:

—Leo no te quiere ver, ni mucho menos sus hijos.

A Clemente no le quedó más que marcharse inmediatamente del lugar. Como un perro que huye de una confrontación con el rabo entre las patas.

Cuentan los lugareños que Clemente intentó volver a la finca en distintas oportunidades, pero las amenazas de Chucho, que siempre estaba ahí, eran cada vez más fuertes, a tal punto que le dijo a Leo que solo necesitaba su orden para «asesinarlo y picarlo», y así se lo quitaría de encima para siempre.

Finalmente, Clemente entendió el mensaje: era seguir obsesionado a entregarse a ratos de lujuria con el cuerpo de Leo o morir inminentemente en el intento. Sí, era mejor marcharse, olvidarla, encontrar otra víctima a quien destrozarle la existencia... Se alejó, Clemente jamás volvió.

Chucho, los niños y Leo tuvieron un merecido tiempo de apacibilidad dentro de las paredes de la casa de la finca, alejados de discusiones y maltratos físicos y psicológicos. Al fin los niños comenzaron a ser felices. Leo no entendía por qué las personas pensaban que Jesús era un mal hombre, un asesino, si tenía tanto tiempo que no se sentía así, con tanta paz y tranquilidad, si hacía tanto tiempo un hombre no la trataba como ella se lo merecía.

Se presume que fue el mismo Clemente quien informó a la policía que Chucho Cañón estaba en la finca, acabando así con la paz que reinaba en el lugar. La voz se fue corriendo hasta llegar a los familiares de los asesinados por Chucho, quienes pedían justicia a la policía. Sí, era un prófugo, y eso podría poner en peligro a sus hijos, pero Leo se sentía comprometida con él y pensaba que no podía abandonarlo, pues ese hombre la había ayudado en el peor momento de su vida y ella debía hacer lo mismo. Pensaba que, aunque fuera un asesino y un prófugo, era mejor persona y la trataba mejor de lo que Clemente lo había hecho.

Durante varias noches tuvieron que dormir todos en el monte, hecho que los niños veían como una aventura bajo las estrellas. Con frecuencia regresaban a la finca para comer y buscar provisiones, pero, eso sí, sin prender ni siquiera una vela ni asomarse por una ventana. Nadie, ni Juan, podían enterarse de que ellos estaban en la casa mientras se calmaban las aguas.

A pesar de toda la situación, Alirio nunca paró sus estudios ni dejó de asistir al colegio. Leo siempre se las arreglaba para que esto fuese así, sin importar dónde estuvieran. Jamás pasó por su cabeza privar a sus hijos de estudiar. Pensaba que todos debían ser instruidos y salir adelante con la poca ayuda que ella les podía brindar.

Internamente ella se transformó en una persona más sumisa, pero tenía sus ideas muy claras. Pensaba que estaba saliendo poco a poco del hueco en el que se encontraba, a pesar de estar junto a un delincuente.

Conscientes de todos los problemas por los que estaba pasando Leo, sus vecinos le comenzaron a aconsejar que se fuera de la zona, que vendiera lo que le quedaba de la finca y con ese dinero partir a Bogotá, Chiquinquirá o cualquier otro sitio para comenzar de cero una vida más tranquila, donde Chucho no tuviera problemas, y así también ellos aprovechaban, con esos consejos, de alejarlo de esa zona, que se había vuelto peligrosa por su presencia.

Leo comenzó a considerarlo. Ya Alirio, su hijo de más edad, había completado sus estudios de primaria y ella logró matricularlo en la Escuela Industrial de Chiquinquirá, consiguiéndole hospedaje en una casa de la zona. Todo esto para poder darle un mejor futuro a un joven tan brillante como lo era él, alejándolo un poco de los problemas y zozobra que vivían en casa. Eso también animó a Leo a mudarse, así podría estar más cerca de su hijo.

Lamentablemente, debido a todos los escándalos ocurridos en la finca y su relación amorosa con un hombre prófugo de la justicia, Leo perdió la reputación que con tanto trabajo había levantado. Tanto los habitantes de fincas vecinas como los del pueblo hablaban sin parar de su vida. A sus espaldas eran incontables los cuentos que corrían de su estrecho vínculo con Chucho Cañón y de cómo este corrió a Clemente de su vida. Leo se había vuelto tema de conversación obligatorio en las reuniones.

Sabiendo de esta situación, Leo se terminó de convencer de vender la finca y los pocos animales que le quedaban. Por vueltas de la vida, esa ley de atracción a las cosas pasadas, el negocio se cerró con Tomás Cortez, un familiar de Clemente que se había enterado de la situación. En la transacción no ocurrió ningún tipo de evento o acercamiento de Leo con Clemente. Ella temía un nuevo escándalo si el padre de sus hijos y Chucho se encontraran de nuevo, por lo que evitó a toda costa que esto sucediera.

Una vez más Leo empacó sus cosas y las de sus hijos para emprender un nuevo camino. Al parecer su vida estaba signada a cerrar y abrir ciclos una y otra vez. Ilusionarse, vivirlo, abandonarlo, llorarlo y dejarlo atrás. Otra tierra se perdía a sus espaldas con cada metro caminado de salida. La familia crecía y más manos se agarraban de las suyas... Había que seguir adelante por sus hijos. Otro camino que afrontar sola, por los momentos, ya que Jesús los alcanzaría luego de un tiempo. Él debía primero despistar a la policía de su ida.

Una vez estando asentada en Chiquinquirá, una ciudad, un sitio moderno, con una vida agitada, muy distante a lo que había vivido con sus hijos en el campo, Leo montó un pequeño negocio comercial, el cual duró muy poco. El dinero que recibía no era suficiente para mantener a su familia, que ahora crecería aún más. Sí, dentro del vientre de Leo crecía un hijo de Jesús Chucho Cañón.

Ahora, si la partida de la finca había sido solitaria, más lo sería su nueva vida. Un día antes de Chucho venirse a Chiquinquirá, en su escondite escuchó a los perros ladrar. Se asomó por la ventana y vio cómo se acercaban unos agentes policiales con paso sigiloso. Rápidamente tomó sus cosas y escapó por la puerta trasera de su madriguera, emprendiendo una carrera monte adentro. Los policías también empezaron a correr. Al cabo de unos minutos, Chucho sintió los brazos de la libertad, momento en que volteó y no vio a ningún agente cerca. Siguió corriendo sonriente sin percatarse de la raíz de un árbol que sobresalía en su camino. Tropezó, cayó, gritó por el dolor proveniente de la pierna fracturada en tres pedazos. Solo pasaron unos minutos para que los agentes llegaran al sitio. Chucho fue apresado. Se lo llevaron esposado. Por su mente pasaron imágenes de Leo y sus hijos esperándolo. Nuevamente el destino cruel jugando sus cartas más feas. La noticia le llegó a Leo como una daga que le atravesó la boca del estómago.

Incursionando en otro ramo, emprendiendo un negocio totalmente desconocido para ella, Leo decidió montar un pequeño restaurante frente a la plaza del mercado de Chiquinquirá. Era pequeño pero muy acogedor, de comida en su mayoría frita y con venta de cerveza.

Dairo de Jesús llegó al mundo el 3 de septiembre del 1959. Chucho, su padre, había sido declarado culpable de asesinato y debería pasar por lo menos veinticinco años tras las rejas. Fue trasladado a una cárcel de máxima seguridad en el Departamento de Boyacá y Leo, nuevamente con un recién nacido en brazos y sola.

Con el paso de los días el restaurante comenzó a decaer, los pocos clientes que acudían al sitio no se sentían del todo bien atendidos o simplemente al llegar lo encontraban cerrado. Leo debía cuidar del nuevo bebé, llevar al colegio a los niños más grandes y cuidar de los otros, además de estar pendiente del negocio. A estas alturas, Leo ya tenía ocho hijos. Era una situación muy complicada.

En Chiquinquirá no tenía un techo propio, ya no estaba en el campo; la ciudad era muy diferente, todo debía comprarlo, nada podía sembrarlo. Se había quedado sin dinero y fue así como comenzó a pensar en Celina, su hermana mayor. Ella podía ser su única ayuda, su salvación, ya que estaba casada con un hombre al que le iba bien económicamente. Era su única esperanza, pensó.

Una mañana escuchó que tocaban a su puerta. Era el dueño de la casa que traía la mala noticia: si no pagaban inmediatamente el monto del arriendo, tendrían que tomar sus cosas y largarse del lugar.

Leo estaba quebrada económica y físicamente. Con un dolor punzante y permanente en su brazo por la lesión sin curar, no pudo seguir con el restaurante. Sin dinero y con ocho bocas que alimentar no encontraba, por primera vez en su vida, qué hacer.

Sumida en total miseria, se encontró pidiendo en la calle que le dieran trabajo. Logró limpiar y lavar en algunas casas para poder comer.

Cada noche pensaba, en total soledad, casi desmayada por el cansancio, que la relación con Clemente le había destruido la vida.

Capítulo V

La desesperación y el agobio de Leo aumentaba con el pasar de los días, lo que se veía reflejado en las grandes ojeras que ahora se dibujaban bajo sus ojos, producto de noches enteras sin poder cerrar los parpados en busca de un poco de descanso. Ya no era ella, ya no conseguía sosiego entre tantos problemas.

No pudo más, no podía dejar pasar un solo día más sumergida en esta situación, así que decidió llamar a su hermana Celina en busca de auxilio. La llamada fue temprano. Sus palabras fueron lentas, empapadas en lágrimas de desesperación y dolor. Poco a poco fue pintándole el panorama a su hermana, una situación precaria, difícil, a lo que Celina pudo responder con asombro y preocupación que sí, que estaba dispuesta a ayudarla, que se fueran lo más pronto posible hasta Bogotá, lugar donde ella los recibiría con las puertas abiertas.

Gracias a Dios se veía una costa segura a donde llegar, aunque solo faltaba sortear un último obstáculo para llegar al sitio seguro: Leo debía buscar los medios para realizar ese traslado, una travesía con siete pequeños que habían dejado la escuela para dirigirse a un sitio desconocido. Alirio se quedaría en Chiquinquirá para terminar sus estudios en la escuela industrial.

Leo aún conservaba sus destrezas económicas, y entre ventas y movimientos pudo reunir lo necesario para realizar la mudanza. Bien temprano en la mañana ya estaba un camión esperándolos y en él introdujeron las pocas pertenencias que tenían. Entre estas, todos se acomodaron de la mejor manera que pudieron. Leo sabía que serían muchas las horas de camino que debían soportar apretujados entre enseres, cajas y bolsos con ropa. Y así fue como, de nuevo, esta familia emprendía un nuevo traslado, un nuevo camino, una nueva búsqueda de futuro. Dejando lo malo atrás, quemándose en el fuego de las horas del pasado, deseando que nunca más esas cenizas se elevaran con el viento.

Al llegar por fin al barrio Claret, una zona no muy lujosa, donde vivía Celina con su esposo desde ya hacía unos años, sintieron un gran alivio. Por fin podrían estirar sus cuerpos al bajar del camión, además de que la pareja de esposos con amables sonrisas les esperaba en la puerta de lo que sería un nuevo refugio, un sitio donde poner en orden las ideas para empezar una nueva vida.

Les ofrecieron el único lugar disponible en la vivienda, un pequeño cuarto en la azotea, al cual se accedía por medio de una escalera un poco peligrosa para los niños que ahora allí vivirían. Pero poco a poco se adaptaron, hasta llegar al punto de subir y bajarla con gran habilidad. Este cuartico sería ahora, y por un tiempo, el nuevo sitio donde pasarían sus días y soñarían por las noches. Leo les repetía que solo estaban de paso, que sería por poco tiempo mientras mejoraba la situación.

Así comenzaron a rodar los días del calendario. Lamentablemente los niños no pudieron continuar sus cursos en la escuela ese año debido a que el período escolar ya iba muy avanzado. Debían esperar unos meses sin mucho que hacer, hasta el comienzo de un nuevo año de escuela.

Por su parte, Leo, sin perder mucho tiempo, comenzó a buscar trabajo. Se dispuso a retomar lo que mejor sabía hacer, y una mañana despertó con la idea de ir inmediatamente al mercado del barrio Claret, y así fue. Una vez allí agudizó todos sus sentidos para absorber la mayor información posible. Quería saber cómo se comercializaba en la zona, cómo se movía la economía y cuál era la mejor forma para empezar a ganar dinero de forma inmediata con los productos que allí vendían.

Ese mismo día visitó además la plaza España, en la Carrera 19 cruce con la avenida Jiménez, lugar donde se ubicaba el mercado más grande de Bogotá. Leo notó ahí que se trataba de un espacio mucho más grande y, con el poco dinero que llevaba, aprovechó la oportunidad y compró quesos, moras y otras frutas, y se fue inmediatamente a revenderlas.

Así, sin tiempo perdido, Leo comenzó la rutina que años anteriores le había llenado de satisfacción y dinero, con la diferencia de que ahora debía dejar a los niños solos todo el día. No pasó mucho tiempo para que Celina comenzara a molestarse. Eran unos niños pequeños metidos solos en un diminuto cuarto de una azotea, y en su conciencia sonaba de cuando en cuando una alarma que se apagaba únicamente cuando iba a vigilarlos.

De esta forma pasaron los meses y Leo, de poquito en poquito, conseguía dinero para comprar comida. Los contactos de Leo en el mercado fueron creciendo. Fue conociendo cada día más y más personas. Esa era su rutina, ese era el día a día. A los niños no les faltarían alimentos sobre la mesa si ella se mantenía así.

Margarita, Isaura, Eliseo y Yolanda, los niños más grandes, comenzaron la escuela. Los pequeños, Arbello, Asariel y Jesús solían esperar en casa mientras llegaba Leo. Si bien eran los más pequeños, ella siempre los preparó para afrontar cualquier situación, a la vez que les explicaba y pedía que, por sobre todas las cosas, no debieran importunar a su tía Celina. Leo comenzaba a notar, para ese entonces, que a su hermana no le gustaba del todo la forma con la que ella se ganaba la vida. Celina aceptaba que era una forma digna de llevar alimento a sus hijos, pero no coincidía en el pensamiento de que unos niños debían desenvolverse solos. Ella se inclinaba más a pensar que siempre había una solución, que unos niños no debían pasar gran parte del día alejados de su madre.

Las personas que Leo tenía como contactos para hacer negocios en el mercado poco a poco pasaron a convertirse en amigos. Ella comenzó a sentir que no había vivido su juventud a plenitud como la mayoría de las mujeres por estar siempre bajo la presión de una responsabilidad con su familia, un trabajo…, siempre teniendo bajo su cuidado a alguien, siempre había alguien que dependía de ella. Sintió que no había nada de malo en que de cuando en cuando, luego de una jornada de trabajo, se fuera con sus amigos a las cantinas de la zona para tomarse unas cervezas y relajarse. Al principio era como una especie de escapatoria, pero, lamentablemente, estos escapes pasaron a ser algo excesivo. Cada vez eran más y más frecuentes.

Eliseo, que ya tenía once años, empezó a notar que al llegar del colegio su mamá nunca estaba en la habitación de la azotea, y por decisión propia, comenzó a irse al mercado para buscarla, sin que ella se diera cuenta. Él quería conocer más sobre el trabajo de su madre y su vida fuera de la casa, comenzando así a crecer en su interior un sentido sobreprotector hacia Leo.

Con el paso de los días, un señor llamado Manuel comenzó a notar la presencia de Eliseo en el mercado. Veía cómo aquel niño se sentaba bajo un toldo a ver cómo la gente pasaba por el lugar, cuando en realidad lo que estaba haciendo era seguir los movimientos de su madre. Este señor le ofreció trabajo. Eliseo ahora, después de asistir al colegio, podría ganarse un dinero vendiendo por los alrededores del mercado los plátanos que Manuel le daba. Fue un trabajo que le duró solo unas cuantas semanas, y de igual forma podía ver lo que su madre estaba haciendo. Era una tarea que afrontaba con miedo a ser descubierto, pero él prefería estar allí que encerrado dentro de cuatro pequeñas paredes cuidando a todos sus hermanitos, sentía que no era justo.

Eliseo comenzó a notar que Leo trabajaba hasta la una o las dos de la tarde, y luego se iba con los amigos a la cantina. Él, como hijo protector y de carácter decidido, comenzó a seguirla y a esperarla cada día en la puerta de los locales de licor, solo para evitar que algún hombre pasado de tragos la molestara o que ella en su estado de embriaguez tuviera algún problema. Las primeras veces que Leo notó la presencia de Eliseo como una sombra protectora, lo tomó con un bonito gesto de su hijo, pero más adelante comenzaron las peleas entre ellos. Leo definitivamente no se dejaría controlar por un niño. Las discusiones cada vez subían más de tono, pero, aun así, Eliseo nunca dejó de seguirla, aunque ella se molestara e incluso llegara a golpearle para evitar que la controlara.

Pasado un tiempo, las autoridades locales tomaron la decisión de cambiar de sitio al mercado de la plaza España, debido a que cerca del lugar se encontraban las oficinas de tránsito. El barullo proveniente de la actividad comercial de todas las mañanas hacía difícil el trabajo en la oficina gubernamental. El mercado fue trasladado a un sitio que llamaron Palo Quemado, el cual era simplemente un potrero de gran tamaño.

Esta nueva localidad trajo consigo ciertos cambios en la actividad. Uno de ellos fue que ya se instalarían los sitios de venta a diario; por el contrario, el mercado solo abriría sus puertas dos o tres veces por semana, lo que significó un golpe en la rutina y la entrada de dinero de Leo. Ella, sin dejarse amilanar por la situación, vio que en Palo Quemado, por tratarse de un potrero, también comercializaban puercos, gallinas y vacas, hecho que vio como una nueva oportunidad, y se dispuso a comprar animales con el fin de revenderlos y ganar más dinero.

Leo continuaba trabajando con empeño. Diariamente, sin descanso, realizaba sus actividades económicas, las cuales la tenían ocupada casi siempre hasta media tarde. Luego, al terminar la jornada, sentía que se merecía ese tan ansiado trago que le soltaba un poco los nudos de las responsabilidades... Ella no lo sabía, no lo percibía ni pasaba por su cabeza, pero Eliseo era su sombra cotidiana. Sí, Leo se estaba convirtiendo en una alcohólica.

Aunque Leo trabajaba todos los días, sus visitas a las cantinas comenzaron a desviarle el rumbo y la claridad de las cosas. En la casa empezaba a faltar comida, ya no era suficiente. Esto agravaba aún más la ausencia de una madre para los niños, infantes sin comida y sin una figura maternal presente. Sin tiempo para lamentaciones, ellos comenzaron a desenvolverse solos. Simplemente estaban por su cuenta, y fue así como se transformaron en un equipo, una familia que debía salir adelante a toda costa ingeniándoselas diariamente para cubrir sus necesidades. Isaura y Margarita se desenvolvían en la cocina; Eliseo ayudaba como podía a sus hermanitos y algunas veces se turnaban en las responsabilidades.

Pero no era suficiente, muchas veces el equipo conformado por niños fallaba, se iban a la escuela sin comer ni bañarse, con aspecto sucio y desaliñado, pero aun así salían a flote y terminaban sus cursos escolares. Realmente lo que más les empujaba a seguir era la fijación que tenía Leo por los estudios. Ellos llegaron a verlo como una obsesión de su madre, pero mucho más tarde, en años posteriores, en el fondo lo agradecerían. Para Leo eso era lo único que importaba en esa casa. A pesar de las condiciones los niños nunca dejaron de estudiar, le temían a las amenazas de su madre si llegaban a faltar o a perder el año escolar.

Muchas veces los niños recibían ayuda de los vecinos y maestros, que se compadecían ante la situación precaria que se veía reflejada en las ropas, ojos y constitución física de los infantes. Pero, cuando no era así, cuando las personas mayores no podían ayudar, ellos siguieron repartiéndose responsabilidades que unos niños no deberían tener. Los grandes siempre estuvieron pendientes de sus hermanos menores.

Pero no, la ayuda de los vecinos no alcanzaba, la mano amiga de los maestros no era suficiente.

Un día de mucha hambre y desesperación, Eliseo vio los ojos de sus hermanos y no aguantó más. Salió a la calle en busca de algo para comer. Al cabo de caminar unas cuadras vio un camión cargado de plátanos estacionado a un lado de la calle. Sin pensar en las consecuencias, con un estómago gruñendo por falta de alimentos y el recuerdo de las quejas de sus pequeños hermanos, subió a la parte trasera del vehículo y comenzó a tomar plátanos y esconderlos bajo su camisa. Cuando iba a tomar el quinto plátano sintió cómo una enorme y fuerte mano le sujetó por la muñeca. Era el dueño del camión, que había visto lo que estaba haciendo el niño, y sin ningún tipo de compasión le propinó una bofetada, un golpe seco de mano abierta que movió los más tristes sentimientos de Eliseo.

Pensó en las lágrimas de hambre de sus hermanos, en que había tenido que llegar a robar por la ausencia de su madre. Odió con todo su ser al alcohol, ese líquido que cada día le arrebataba más y más a su mamá. Corrió calle abajo con la mejilla hinchada palpitándole de dolor, un dolor solo comparable con el recuerdo de Leo intoxicada diariamente con cerveza y demás bebidas que en las cantinas le ofrecían. Sí, su mamá había perdido el rumbo. Para ella ya no era importante la comida de sus hijos ni su bienestar. Ya no era la misma mujer responsable de antes.

Algo se quebró dentro del cuerpo de Eliseo. Su alma envejeció cientos de años con el golpe que recibió por parte del camionero. Las peleas con Leo fueron cada vez más frecuentes y duras, batallas que le llenaban aún más de impotencia, ya que, por su corta edad, siempre las terminaba perdiendo.

Para complicar aún más la situación, Leo comenzó una relación amorosa con un hombre llamado Daniel. Alguien de muy mal aspecto, sucio, con vicios y maleducado. Era de esperarse que a los niños no les agradara en lo absoluto la presencia de ese desagradable ser, pero de igual forma Leo le invitaba a pasar cada vez más tiempo en aquel pequeño cuarto de la azotea. Sus hijos más grandes hacían lo posible por correrlo del lugar, pero a Daniel no parecía importarle, por lo que las riñas de Eliseo y Leo fueron creciendo aún más.

Leo y Daniel cumplían la terrible rutina de embriagarse diariamente en las cantinas y llegar a casa para seguir tomando. Cierto día, Eliseo, cegado ya por la ira, llegó a un punto donde no habría retorno. La presencia de Daniel en el cuarto era intolerable y despertó en el niño un sentimiento que para los hombres grandes estaba penado por las leyes terrenales, espirituales y morales. Su inocencia infantil quedaría borrada para siempre: se dirigió hasta casa de su tía Celina, tomó un frasco de insecticida, volvió a la pequeña habitación y puso un gran chorro del líquido venenoso en un plato de sopa que Leo había preparado solo para Daniel. Para suerte de todos, como si de una película de suspenso se tratara, el hombre desaliñado expresó a viva voz que debía irse de la habitación de inmediato para ir al mercado, sin ni siquiera tomar una sola cucharada del perverso brebaje. Eliseo pensó que el universo entero confabulaba en su contra, sin darse cuenta de que la ida de Daniel salvó hasta su vida misma. No le quedó más que, a escondidas de su madre, botar la sopa envenenada por el retrete.

Un día Celina se dio cuenta de que su hermana no podía seguir viviendo en un sitio tan reducido con tantos niños. También pensó que un cambio le daría a Leo un nuevo rumbo, algo con que retomar su norte en su vida y la de sus hijos. Teniendo esto en mente, le ofreció un pequeño lote de su propiedad para que Leo hiciera con sus propias manos y trabajo, un lugar más amplio donde vivir con sus hijos.

Leo, sin pensarlo mucho, accedió a la propuesta de su hermana y dispuso todo para realizar una nueva mudanza lo más pronto posible, consiguiendo piezas de cartones, periódicos y madera, materiales que en su mayoría el esposo de Celina les obsequió para que, con su ayuda, levantaran un pequeño y humilde rancho.

Poco antes de la mudanza apareció de visita Doña Mariel, la abuela paterna de las dos niñas de Leo con José: Margarita e Isaura. Esta señora, al ver las condiciones precarias en las que vivían, le expresó a Leo su deseo de llevarse de regreso al campo a las dos niñas. En un principio Leo fue recelosa con la idea, pero luego de pensarlo un poco accedió, a sabiendas de que, por muy fuerte que fuera, ellas estarían mejor con su abuela en una casa grande, y cariño familiar, ese que poco a poco se estaba perdiendo entre las cuatro paredes de una diminuta habitación en la azotea de una casa.

Quien no estuvo de acuerdo con este plan fue Isaura, quien, respondiendo a sus instintos infantiles, decidió quedarse con su mamá y hermanos sin entender mucho lo que le ofrecía su abuela. Margarita se fue una mañana de la mano de su abuela, dio una última mirada al cuarto que estaba segura de que no extrañaría en el futuro. Quería olvidar por completo todas las discusiones y malos ratos que ahí vivió. No quería recordar que fue en ese sitio que su mamá dejó de ser su mamá para transformarse en ese ser extraño y uraño que solo volvía a casa para regañarlos y tratarlos mal. No le importó el hecho de no volver jamás a pisar un colegio, el resto de su existencia se sintió muy a gusto con la vida de campo… Nada más allá.

Contando a Leo y los niños, ahora eran siete. Cuando el humilde ranchito que levantaron con sus propias manos estuvo medianamente habitable, se mudaron.

Esta nueva vivienda era un poco más grande que la habitación de la que venían. Tenía un solo cuarto, una sola cama donde tendrían que dormir todos apretujados. Las diferencias eran muchas, pero una de las que más molestaba a los niños era el piso de tierra, ya que ahora sus pies siempre estaban sucios. Si llovía, entraba el agua entre las rendijas de cartón y madera, y la casa dejaba de ser casa para convertirse en un gran lodazal. Y si había mucho sol, el piso se transformaba en arena de desierto. No tenían agua corriente ni baño. No tenían ni mesa ni sillas… Eran muchas las cosas que tenían y ahora no. Todos sabían que no era un buen cambio, pero Leo estaba feliz por no tener que aguantar los regaños de su hermana Celina, quien con cada vez más frecuencia le reclamaba por su comportamiento y la soledad de sus hijos.

A los pocos días Celina comenzó a demostrar que, si bien les había ofrecido un lugar para vivir por su cuenta, en el fondo estaba recelosa por su propiedad, pues empezó a pensar que Leo podía adueñarse del terreno, y más con la aparición de Daniel y sus malas costumbres en su vida, cosa que ella siempre le aseguró que no sería así, que por el contrario estaba agradecida por la ayuda que les brindaban tanto ella como su esposo.

Daniel seguía visitando constantemente a Leo, hasta que un día se apareció en la puerta del rancho cargando un colchón. Los niños vieron atónitos cómo este hombre comenzó así, de la noche a la mañana, a vivir con ellos, durmiendo con su mamá en la misma cama. A pesar de todas las trabas y peros que pusieron, esa situación había llegado para quedarse en sus vidas.

La pareja continuó con la rutina sumergida en alcohol. Todas las mañanas desaparecían y regresaban a altas horas de la noche en total estado de embriaguez. Los niños, cada vez más solos, cada vez con más hambre, y Leo feliz con aquella libertad que tanto merecía según sus propias palabras, esgrimidas cada vez que un niño le reclamaba.

Una noche, gritos de hombres peleando despertaron a los niños y vecinos. Dos sombras se acercaban y se empujaban en la puerta del rancho. Un baile frenético de pies que esquivaban y saltaban hacía levantar una nube de polvo que, acompañada con la oscuridad, no dejaba entender qué estaba pasando. Gritos e insultos. Dos voces que reclamaban la pertenencia de una mujer, hasta que todo quedó en silencio. Una línea de sangre se dibujó en la tierra y el polvo comenzó a bajar. Los vecinos fueron en busca de la policía. Los efectivos llegaron para descubrir el misterio: Daniel peleaba con otro hombre que pretendía a Leo. El que estaba tirado en el suelo con una mano herida y de pie, junto a él, se encontraba Daniel empuñando un ensangrentado cuchillo. Los niños escucharon todo. Vieron la sangre y la herida. Sintieron su vida cada vez más destrozada. ¿Dónde estaba mamá en ese momento? Mamá sorprendentemente le estaba diciendo a los policías que no apresaran a nadie, que ninguno de los hombres tenía la culpa, que solo fue un malentendido pasado por ron y cerveza.

Todo siguió igual. Eliseo e Isaura comenzaron a irse al mercado por las tardes para recoger del suelo pedazos de yuca, papa, naranja o cualquier alimento para darles algo de comer a sus hermanos. Registraban entre las bolsas de basura buscando qué comer y, para poder trasladarse sin tener que caminar tanto con los estómagos vacíos, se colaban en los buses y camiones.

Leo llegaba al rancho a las once o doce de la noche, y algunas noches simplemente no llegaba. Los vecinos se percataron de la situación y se la hicieron saber a las autoridades, pero, al ser entrevistada por agentes policiales, Leo siempre negaba la situación, explicando que los niños, siempre que ella se iba a trabajar, estaban vigilados por alguien mayor como su hermana Celina o algún conocido que pasase por la zona. Declaraba que los dejaba solos por su trabajo y que esa era la única forma de salir adelante en poco tiempo. Cada vez que esto pasaba, Leo cambiaba: llegaba más temprano a casa, estaba un poco más pendiente de los niños. Pero al poco tiempo volvía a lo mismo, a entrar en un círculo de vicios y desenfreno.

Todos los compromisos ajenos a un niño de su edad recayeron sobre Eliseo. Por ser el mayor de los varones, siempre fue el más responsable. En realidad, indirectamente Leo, y la vida misma, le habían enseñado a estar al tanto de todo lo que pasaba a su alrededor y tratar de sacar las cosa a flote por el bien de la familia, como por ejemplo el que tanto él como sus hermanos jamás faltaran a la escuela ni descuidaran sus tareas, a pesar de todas las vicisitudes que estaban viviendo en ese momento, hecho que afrontaba muchas veces con la ayuda de sus profesores, quienes estaban al tanto de la situación en casa.

A pesar del cansancio generado por tantas responsabilidades, él seguía tratando de evitar que su madre llevara la vida que estaba llevando y, muy amargamente, les ponía de ejemplo todo ese mal comportamiento a sus hermanas para que siempre tomaran los buenos caminos en la vida, que se vieran en ese espejo, que nunca fueran como su madre.

Una noche, Eliseo, abandonado ya de toda inocencia infantil, transformado en un joven hombre por las espinas de la vida, siguió a Leo hasta un hotel, donde ella se metió con un hombre que no era Daniel, y esperó su salida solo para hacerla ver que todo estaba mal, pero que de igual forma él la estaba protegiendo y tratando de ayudarla a salir de esa vida disoluta. Casi todas las noches lloraba de rabia e impotencia, pero lo seguía haciendo, la seguía como una sombra protectora, guardando la esperanza de que las cosas algún día cambiarían.

Los días de Eliseo pasaban en estudio, cuidar a sus hermanos, buscar qué comer y vigilar su madre. Sucio y con hambre escudriñaba en su cuerpo por energías para hacer lo mismo cada día, en un rancho donde no había agua, donde varias veces por semana un vecino le pasaba una manguera para que pudieran recoger un poco de líquido y darse un baño. Ese mismo vecino se apiadaba de los niños y les ponía un televisor a través de las rejas de su casa. Aquel día donde podían ver televisión entre rendijas, era un día especial donde se sentaban por horas frente a la reja para intentar ver algún programa que emitía aquella caja mágica que les hacía despegarse por un momento de su triste y horrible realidad. En otras ocasiones no había televisión, la alegría venía de la poca comida que los vecinos les daban por compasión.

Leo llegaba solo a dormir, ya ni se bañaba, no les ayudaba ni en las tareas; no le importaba siquiera si habían conseguido algo de comer o no, solo estaba dedicada a trabajar para gastarlo todo en licor. Los vecinos y hasta los mismos maestros ayudaban a los niños con cuadernos y lápices para que no perdieran clases en la escuela. Fue etapa muy dura, era una vida de miseria abismal..

Leo escudaba lo descuidado de sus hijos en el hecho de que nunca permitió que faltaran a la escuela. Puede que sea que esto era lo único que le importase, los niños no podían faltar jamás a clase, bajo cualquier circunstancia o se la verían con ella. Pero este hecho era totalmente contradictorio cuando muchas veces los niños pequeños se orinaban en la cama y ni Leo ni nadie los limpiaban… acudiendo a la escuela con ese olor.

Todo hasta que un día surgió una nueva oportunidad. De la nada, como especie de un ángel, un vecino le ofreció a Leo una casa que tenía un restaurante, para que ella y sus hijos se fueran y tuvieran una mejor vida.

La renta del local era muy baja, y a pesar de que a ella no le había ido del todo bien con ese tipo de negocio, en un momento de lucidez pensó que la propuesta podía ser una buena idea para darle mejor calidad de vida a sus hijos, y ella cambiar de ambiente e intentar dejar la bebida.

Todo esto había que verlo. Una oportunidad de cambio, cambio real y permanente. Salir a flote de nuevo. Poder llegar otra vez a la cima de la vida, la nivelación de la balanza. Pero, para que esto se diera, había lastres que soltar, anclas pesadas que no dejaban navegar hacia el horizonte... Daniel siempre aún la rondaba y aún estaba en su vida.

Capítulo IV

Una nueva casa, un nuevo negocio, una nueva promesa de un futuro estable para ella y sus hijos. Leo tenía frente a sus ojos una nueva oportunidad. Estaba a un paso de salvar su vida o de terminar en un abismo del que jamás saldría, hundida en el fango del alcohol y el desapego a las cosas que realmente valían la pena. Muy adentro, ella sabía perfectamente que no estaba en el rumbo correcto y que la compañía de Daniel solo le perjudicaba la existencia.

Sus hijos estaban creciendo. Además de una nueva oportunidad de trabajo, el cambio de ambiente les haría bien a todos. La casa que le ofrecían era antigua, pero mucho más grande que el sitio donde estaban viviendo apretados actualmente, donde no tenían ni cuartos, por lo que se veía promisorio: un lugar donde trabajar y vivir cómodamente, un lugar para mejorar su vida para siempre.

En los pocos momentos que el alcohol no nublaba la razón de las ideas de Leo, ella solo pensaba en irse y olvidarlo todo, especialmente a Daniel, quien la estaba alejando de sus hijos cada vez más. ¿Insistir con su mala compañía y que sus hijos quedaran perdidos en la vida, o recuperar el amor de su familia y alejarse para siempre de Daniel? La respuesta era evidente, fácil, como cartas sobre la mesa.

En esos momentos de lucidez Leo sabía que los hombres y el licor habían sido los componentes malditos que le hicieron perder el rumbo de la vida. Y definitivamente, Daniel no había sido un salvavidas; por el contrario, ese mal hombre se convirtió rápidamente en un ancla atada a su cuello, un gran peso que la llevaba sin freno al fondo de un océano extremadamente oscuro.

Una mañana, sin pensarlo más, aceptó la propuesta de aquel vecino, ese ángel aparecido en el medio del camino, que sin darse cuenta le había salvado la vida. Una vez más había que mudarse, limpiarse las heridas del fracaso y salir a la vía con el rumbo puesto en un futuro promisorio… Sin darles muchas explicaciones a los niños, les pidió que la ayudaran a recoger las pocas cosas que tenían para irse del lugar sin decir adiós ni mirar atrás.

Fue una partida ciega, pues Leo no había visto el sitio a donde iban. Solo la esperanza mantenía su vista clara. Así, solo con el conocimiento de que la casa era más grande, ella estaba convencida de que sería su nuevo refugio. Un lugar donde edificar nuevos cimientos para su familia.

Valiéndose de que el señor Manuel, el dueño de la casa, era un viejo amigo de su hermana Celina, Leo acordó el primer pago con lo poco que tenía. Él vio en Leo una doble oportunidad: podría ayudar a una familia que realmente necesitaba un techo sobre sus cabezas y así tendría alguien que le cuidara aquella vieja casa que por muchos años se mantuvo abandonada y olvidada. Leo y sus hijos le parecieron unos muy buenos candidatos para mantenerla y cuidarla como una edificación de vieja data correspondían.

Fue así, como salieron una tarde del pequeño rancho, apresurados, como fugitivos que escapan de un pasado del cual, si corrían rápido, este no los alcanzaría con todas sus cosas negativas. Leo salió huyendo del licor y las malas juntas. Apresuró su paso con el miedo de que Daniel apareciera en cualquier momento tan solo para evitar su ida, envenenándola con alcohol y promesas típicas de un hombre de mal vivir que solo justifica su existencia haciéndole mal a una mujer.

Leo puso todas sus energías en recuperar su espíritu emprendedor desechado en el pasado por caminos que no debió tomar. Les explicó a los niños, a manera de disculpa, que se dirigían a una mejor vida, que todo iba a cambiar y que el amor familiar, que tanta falta les hacía a los niños, volvería a florecer en cada rincón de la nueva casa, que pronto llegarían a ser de nuevo un equipo como lo fueron un tiempo atrás.

Para lograr ese cometido, ella sabía que debía alejarse por completo del licor, una tarea titánica ya que estaba sumamente enganchada a ese veneno. Pero no se dejó doblegar. Se aferró a la esperanza del nuevo comienzo y, poco a poco, con todas sus fuerzas, cambió la botella de su mano por la dosis de alegría que le daba el nuevo porvenir.

Todos comenzaron a acomodarse en su nuevo hogar, una casa nueva donde ahora todos tendrían cuartos y camas para dormir plácidamente. Tenían agua corriente y un techo por el cual no cayeran cascadas de agua fría cuando lloviera. La felicidad nació de nuevo en la cara de todos y no pasó mucho tiempo para que olvidaran los malos ratos del pasado, por muy grande que fueron. En la inocencia de los niños no cabía el rencor.

Como al alcohol, el cual se manifestaba de cuando en cuando en la abstinencia de Leo, Daniel también aparecía en su pensamiento diario. Sí, a pesar de ser un mal hombre en extremo, ella no podía dudar que lo extrañaba, hasta que un día comprendió que él también se había convertido en un mal vicio. Leo dispuso todo su arsenal de olvido hacia lo malo de su vida y se aferró a la convicción de mejorar y crecer de nuevo. Solo así podría olvidar tanto veneno.

A tan solo días de haber llegado a la nueva casa, Leo conversó con Isaura y Yolanda, las niñas más grandes, y les explicó que cuanto antes comenzarían a ayudarla a preparar comidas. Ellas debían poner toda su atención y empeño en aprender los oficios del fogón. La finalidad de la premura obedecía al hecho de que por las calles que rodeaban la casa pasaban obreros que se dirigían a construcciones cercanas. Era la oportunidad para comenzar a vender, de ofertarles deliciosas comidas a los trabajadores y poco a poco darse a conocer, para luego abrir un comedor en un sitio de la casa adecuado para ese fin.

La emoción de las niñas fue doble: por fin podrían compartir con su madre, que tanta falta les hacía, y aprenderían un oficio que les podría servir para más adelante en la vida. A pesar de que con la mudanza la escuela ahora les quedaba más lejos, ellas prometieron a su madre que le acompañarían al mercado a hacer las compras. Y así fue, apenas salían del colegio se dirigían a toda prisa a la casa para ayudar encantadas a su mamá.

En la casa todo comenzó a tomar su rumbo. Los niños y niñas iban a la escuela, mientras Leo se quedaba en casa dando los toques finales para que, cuando ellos llegaran, empezaran inmediatamente a preparar exquisitos guisos.

Cada integrante del grupo familiar tenía su responsabilidad dentro de los engranajes del negocio. Cada uno ponía su grano de arena, lo que les daba satisfacción, y a la vez aprendían los oficios tanto de la cocina como del comercio, poniéndoles cada uno su toque personal. La idea de Leo rindió frutos, pues poco a poco más obreros se fueron sumando a los pedidos y en corto tiempo empezaron a ganar fama en la zona.

Con el paso del tiempo el negoció comenzó a dar gratificaciones económicas, tanto así que Leo pudo contratar a dos muchachas que vivían cerca de la casa para que ayudaran a Isaura y Yolanda, mientras ella se dedicaba a buscar la manera de expandir aún más la fama que habían creado entre todos. Ella era una especie de hormiga que no podía quedarse quieta en un solo sitio ganando lo mismo con un solo trabajo.

Como medida para mantenerse lo más alejada de los mercados para evitar recaer en las malas compañías de quienes se llamaron sus amigos en el pasado, Leo comenzó a dedicarse a la avicultura comprando y vendiendo aves de corral. Comenzó comprando veinte gallinas en una pequeña granja. Para poder trasladarlas y así venderlas, se las ingeniaba colocándolas en costales de tela y se las llevaba disimuladamente en los transportes públicos, rezando por no ser descubierta, ya que los choferes no le permitían trasladar animales en sus camiones.

Llegó el día en que pensó que era mejor comprar las aves en compañía de Eliseo para que este le sirviera de escudo en los vehículos de traslado. Así fue: el joven subía al transporte, distraía al chofer con cualquier acción juvenil mientras que Leo pasaba por detrás de él con un saco lleno de gallinas. Al llegar a destino, se destornillaban de la risa, sabiendo que habían hecho una travesura en total complicidad, algo que a Eliseo le agradaba enormemente, ya que se había reencontrado con su verdadera mamá; no esa mujer que llegó al punto de no reconocer en sus estadios de embriaguez.

Leo estaba impresionada por la facilidad con la que se daba ese negocio. Realmente le sorprendía cómo podía comprar entre veinte y cuarenta gallinas en la mañana y ya para horas de la tarde no tenía ni una en su poder para vender. La reventa de aves le había resultado ser un negocio totalmente rentable y también le trajo dos beneficios más: alejarse por completo de las cantinas al mantener su cuerpo y mente ocupados, y el acercamiento con su hijo guardián, Eliseo.

Ella, en compañía de su hijo, comenzaron a analizar el mercado porcino. Sus hijos eran sus nuevos consejeros. Pensaron que se daría tan bien como el de las aves y se arriesgaron a comprar dos cerdos. Con la comida sobrante del restaurante, los mantuvieron y engordaron en el patio de la gran casa y luego los revendieron en los campos. Sí, era un negocio fácil y lucrativo.

Pronto adquirieron más cerdos. Eliseo y Arbello, después de la escuela, iban con carretillas a restaurantes más grandes para pedir sobrantes de comida y con lo obtenido alimentaban a los cerdos. Poco a poco el negocio del restaurante fue quedando atrás, pues la reventa de animales fue dando mucho más dinero.

La vida de Leo dio un cambio completo. Ahora su única compañía eran sus hijos; su familia se convirtió por fin en lo más importante de su vida. Se dio cuenta en corto tiempo de que alejarse del alcohol y los malos hombres fue la mejor decisión que había tomado, algo que, si no hubiese sido así, le pesaría por el resto de su vida.

La visión de Leo salió de nuevo a flote. Entendió que, sin un medio de transporte propio, su vida económica se quedaría estancada. No le importó quedar endeudada cuando compró una camioneta Ford año 1954, así ella no supiera manejarla. Contrató un conductor y empezó a trasladar hasta trescientas gallinas al día para revenderlas. Así comenzó a vender al por mayor, y de esta manera logró pagar en poco tiempo la camioneta. No cabía de felicidad. Estaba logrando su estabilidad soñada sin tener que arrastrar el lastre de un hombre que no la dejase surgir.

Así se mantuvo por un largo tiempo, trabajando sin parar, cuidando de sus hijos y vigilando que siempre estuvieran en la escuela y que se criaran como niños de bien, siempre de la mano del trabajo y las buenas costumbres.

Otra oportunidad de inversión llegó a las manos de Leo. Una pareja de conocidos decidió irse a vivir a Estados Unidos, dejando en venta un pequeño lote ubicado en una zona de mediano estatus. Leo la compró con facilidades de pago, como siempre lo había hecho con las cosas de su vida, ya que la suerte siempre le sonrió en ese sentido. Bloque sobre bloque comenzó a levantar una pequeña casa en el terreno. Otro éxito más en el nuevo andar de Leo. Algo más que le indicaba que transitaba por el camino correcto de la vida.

Por su parte, Alirio se graduó del colegio en Chiquinquirá, e inmediatamente comenzó un curso y un trabajo de medio tiempo. Aunque casi nunca podía ver a su madre ni a sus hermanos, siempre estuvo pendiente de su familia, incluso ayudaba a Leo con algo de dinero para que ella pagara las cosas para la escuela de sus hermanos.

Una a una, las piezas en la vida de Leo se alinearon. La armonía y tranquilidad habían regresado a sus días y, por primera vez en mucho tiempo, podía conciliar el sueño durante toda la noche. Estaba distinta, lozana, definitivamente descansada.

Gracias a estas mejoras económicas, Leo un día envió a Eliseo e Isaura a Boyacá para buscar a su hermana Margarita, que aún se encontraba viviendo en casa de su abuela. Al llegar allá, sus hermanos se sorprendieron al ver que Margarita ya no era una niña, pero aún se comportaba como tal, ya que no había asistido a colegio alguno, y había dedicado su corta vida a ayudar a su abuela en los quehaceres de la casa. La señora sabía que esto ocurriría algún día, estaba preparada para que apareciera su familia a reclamar una pieza más de su núcleo, por lo que, sin ningún tipo de reparo, accedió a que Margarita se fuera con sus hermanos.

Los ladrillos de la vida de Leo estaban completos. Al fin estaba en armonía rodeada de su familia, todo marchaba de acorde al nuevo plan de vida que ella misma se había trazado en las estrellas del porvenir.

Todos siguieron estudiando y ayudando a Leo en la crianza de gallinas, puercos y ahora vacas. que comenzaron a comprar y meter en un pequeño corral que construyeron en el patio de la casa. Desde muy temprano en la mañana, Leo ponía en práctica todos los consejos que había aprendido de su adorado padre, enseñanzas que poco a poco fueron absorbiendo sus hijos. Diariamente agradecía el haber aprendido tanto de él, y más orgullo sentía al ver que ese aprendizaje, por los momentos, era el mayor tesoro que sus hijos estaban heredando. Ahora, con sus hijos más grandes, más ayuda recibía en casa, menos peso sentía sobre sus hombros.

Durante el tiempo que estuvieron en la gran casa, Leo siempre buscó la manera de comprarla. Le gustaba mucho la zona en la que se encontraba, pero ese mismo hecho le hacía tener un precio considerablemente elevado, por lo que se tuvo que conformar con seguir pagando al día el arriendo, ya que allí tenían su pequeña granja con distintos animales y, paralelamente, seguía construyendo muy poco a poco una casa en su nuevo terreno, hecho que le generaba un gran gasto.

Contra viento y marea en el nuevo lote se pudo terminar de construir una casa de un piso. Cuando estuvo lista, Leo vendió los animales y en compañía de su familia realizaron la última mudanza que harían en al menos un largo tiempo.

Una vez ubicados, todos pusieron lo mejor de sí para que la paz y armonía siguiera reinando en el entorno.

Leo, siempre con su visión proyectada mucho más allá del futuro, entendió que, ya que tenía una parcela a su nombre, algo de su propiedad que les daba cobijo, podía invertir de nuevo con un riesgo mínimo. Decidió al cabo de un tiempo comprar el lote vecino, el cual estaba vacío, sin ningún tipo de construcción. Poco a poco, en el trascurso de los años siguientes logró levantar dos casas de tres pisos en cada uno de los lotes, que unió en uno solo. Pero no quedó en eso. Siete años pasaron, tiempo en el que les agregó un piso más y cada uno de ellos los transformó en muy cómodos apartamentos.

Sí, las piezas del rompecabezas de la vida por fin encajaron en la existencia de Leo. Respiraba el oxígeno de la vida rodeada de sus hijos queridos. Era una madre a tiempo completo, con el significado y el peso que le daba cada letra que forma la palabra mamá.

La vida de sus hijos, que para aquel entonces ya no eran unos niños, cambió del cielo a la tierra. Atrás quedó el hambre, la miseria y la angustia. Ya lejos estaba la Leo que visitaba cantinas y se perdía en el camino de la vida debido a la mala escogencia de hombres. Por fin en la casa se celebraban fiestas como cualquier familia lo hacía. Las navidades siempre eran esperadas por todos, ya que Leo no escatimaba en gastos a la hora de regalar bellos obsequios y colorida ropa para cada uno de sus hijos. El tan anhelado tiempo de estabilidad y abundancia había llegado a la familia Peña... Por fin fueron felices.

Cuando Eliseo entró a la adolescencia, ya terminando la escuela, Leo consiguió comprar un carro para que él lo tuviera y así hacer la vida en casa más cómoda. Si bien ella no sabía manejar, se las arregló para lograr su cometido, y poco a poco su hijo se adiestró en el arte de conducir un vehículo un tanto de manera empírica. Eliseo se encargaba, con mucho gusto, de hacer las compras, mandados y llevar a sus hermanos menores a la escuela. Ciertamente fue de mucha ayuda.

Aunque la presencia de Eliseo en la casa era insustituible, Leo no podía dejar de pensar que su siempre ángel guardián debía continuar con sus estudios. Sabía que él debía entrar en la universidad, así como todos sus hermanos en algún momento de la vida. Sí, cada uno haría falta en la casa y el corazón de Leo, pero dadas las circunstancias de todo lo que habían vivido, sus hijos debían prepararse en el campo laboral que les esperaba. Ella no quería, por nada del mundo, que sus hijos volvieran a pasar toda la miseria que ya habían superado.

Leo no se quedaba quieta, simplemente no estaba en su naturaleza sentarse a ver la vida pasar sin hacer nada. Siempre estaba analizando oportunidades de negocio, algo que superase todo lo que había hecho hasta el momento. En esta oportunidad decidió comprar dos camiones y contratar a un par de choferes para que los manejaran. Con esta adquisición pudo hacer más traslados de animales, lo que significaba más producción de ganancias para la casa. Pero no llegó hasta ahí, con el tiempo compró un autobús e inmediatamente lo puso a producir llevando pasajeros entre las calles, avenidas y caminos de la zona. Todo generaba dividendos.

Por otro lado, a ella siempre le rondó en su cabeza la deuda implícita que tenía con su hermana Celina por dejarlos quedarse en su casa de Bogotá, una ayuda que valió oro cuando tanto la necesitaron, por lo que, sin pensarlo más, Leo decidió comunicarse con ella y proponerle que su hijo Víctor se fuera a trabajar a su casa un tiempo como forma de agradecimiento. Ambos estuvieron de acuerdo, y así fue como tuvieron una larga y fructífera unión de trabajo.

Como todo ya había mejorado y marchaba sobre ruedas, Leo le expresó a su hijo Alirio que ya no era necesario que siguiera enviando dinero para sus hermanos, que todo lo que había hecho por ellos era ya suficiente y que no había tesoros ni castillos en la tierra para poder pagarle tanta ayuda.

Un día de sol, temprano en la mañana, tocaron fuertemente a la puerta. Leo abrió con la premura de la curiosidad para encontrarse cara a cara con Alirio, quien había regresado de sorpresa a casa para quedarse, ya que había terminado todos los cursos que realizaba lejos de la familia. Una pieza más que gratamente encajaba. Una felicidad más que alimentó por siempre el corazón de Leo.

El pináculo de la felicidad en aquella época llegó para Leo cuando por fin pudo cumplir una promesa: por primera vez para todos, pusieron sus pies dentro de un avión y volaron hasta una isla para disfrutar de unas merecidas vacaciones. Ninguno de los integrantes de la familia Peña ha olvidado cuando paso a paso se fueron acercando al avión blanco con rojo de la aerolínea comercial más reconocida de la época. Recordarán por siempre el cosquilleo que sintieron en sus estómagos cuando el gran vehículo alado despegó sus ruedas del suelo, para luego ver, a través de las ventanillas, como almohadas de algodón decoraban el cielo azul... Estaban tan carca que casi se podían tocar. Leo estaba impactada. Una vez más pudo demostrarse que esa era la forma más adecuada para vivir, en tranquilidad y con trabajo fuerte.

Con el paso de los días, uno a uno comenzó a salir de la escuela. Era el momento de pensar en las universidades a donde asistirían. Ya todos miraban al futuro de otra forma. El pasado era algo enterrado en el olvido y la idea de todos siempre era buscar la manera de ayudar a su madre, esa mujer que había renacido por la angustia reflejada en los ojos de sus hijos, y que poco a poco, con mucho sacrificio, fue convirtiendo en felicidad.

Leo siempre pensaba, al borde de la obsesión, que sus hijos debían estudiar. Si bien era una mujer habilidosa, guerrera, no se imaginaba hasta dónde podía llegar de haber estudiado más de los pocos años que lo hizo cuando niña. Pero ese era un pensamiento que solo ella tenía, pues todos los que la conocían, incluyendo sus hijos, no podían sentir más que admiración por una mujer tan fuerte y sabia para los negocios. «Y eso que apenas sabe firmar un cheque», decían sus hijos cada vez que alguien elogiaba a su madre.

Y muy alejado de la realidad no era, para ir al banco Leo nunca lo hacía sola. Siempre iba en compañía de alguno de sus hijos para, que la orientaran por si debía leer algo. Eso le causaba vergüenza, pero sus hijos, como siempre, eran su gran equipo, sus guerreros... Jamás se burlaron de la situación ni les causó pena, pues Leo era una trabajadora nata y ellos aprendieron de los negocios y contabilidad solo con ver cómo ella se desenvolvía.

Eliseo comenzó a ahorrar y con ayuda de Leo se pudo comprar un carro más nuevo, el cual utilizaría para ir a la universidad, que quedaba retirada de la zona donde estaban viviendo. Como un joven responsable, organizaba sus días de manera tal que le diera tiempo de acudir a sus clases, llevar a sus hermanos a donde necesitaran ir y ayudar a su madre para evitar que utilizaran los atestados vehículos de transporte público.

La vida no podía ser más perfecta. Los retos diarios se sobrellevaban de manera tranquila, ya que se contaba con el apoyo familiar. Todos y cada uno de los integrantes de la familia eran pilares que sostenían la vida propia y la de los otros. Todos contaban con todos, y Leo siempre a la cabeza, comandando el barco que ella misma sacó a flote y que ahora mantenía sobre las olas de la armonía con amor, enseñanzas y trabajo duro. Ahora se podía divisar que todos juntos llegarían a buen puerto.

Capítulo VII

Cómo un viaje por la vida puede enderezar sus caminos con inspiración y fuerza es lo que Leo demostró a lo largo de su existencia. El ejemplo más palpable son sus hijos, a quienes, a pesar de los baches conseguidos en la vía del día a día, consiguió hacer personas de éxito y bien. Con empuje, trabajo, preocupación y amor, logró que cada uno de ellos alcanzara el pináculo de su existencia en la tierra.

Con el paso del tiempo los ocho hijos de Leo se fueron desarrollando como personas triunfadoras. Para ella era como un sueño con los ojos abiertos, el cual gracias a su trabajo se transformó en una muy palpable realidad. Su afán era que estudiaran y lo consiguió; que fueran personas totalmente productivas para su vida y la sociedad; que formaran familia estable y continuaran dejando bien afianzada sobre la tierra la herencia que ella les dejaba a pesar de los errores cometidos en el andar: amor por todo lo que se hace en la vida y esa incansable capacidad para reponerse y vencer con más fuerza.

Alirio, su hijo mayor, siempre muy inteligente y dedicado, apasionado por la lectura y poder ayudar a los demás, decidió que su futuro estaba en las leyes, por lo que decidió estudiar Derecho, y así fue como llegó graduarse de abogado en una universidad de renombre.

La vida profesional de Isaura se desarrolló en las aulas. Su amor por enseñar, por impartir conocimientos y formar personas de excelencia para el país y la humanidad, la llevó a graduarse de educadora, carrera que ejerció con pasión durante muchos años en liceos y hasta universidades.

Margarita se dedicó a la encomiable tarea de forjar un hogar. Ella simplemente decidió que su vida estaba en casa, que su aporte a la vida sería dar amor a todos los integrantes de su familia, y, como su madre hizo con ella y sus hermanos, formarlos como personas íntegras para la vida.

Por su parte, Eliseo, el ángel guardián de Leo por muchos años, aprovechó su curiosidad del cómo funcionan las cosas del mundo y se graduó de ingeniero metalúrgico.

Yolanda se fue por el camino de las ciencias y estudió Química y Biología. Arbello, quien siempre demostró amor por la vida de campo, obtuvo su título como administrador Agropecuaria, carrera que le dio muchas satisfacciones a lo largo de toda su vida.

Asariel se dejó arropar por grandes pliegos de papel al estudiar Dibujo Técnico Industrial; Jesús, por su parte, se graduó del liceo y se dedicó, al igual que su madre, al comercio de todo tipo de productos que aportaran tanto beneficios para los habitantes de la zona como ganancias que le dieran estabilidad a su vida familiar.

A pesar de ser hechos de alta satisfacción personal, Leo nunca acudió a una graduación de sus hijos. «Eso no es para mí», decía cada vez que uno llegaba con una invitación formal para asistir al solemne acto. Pensaba que era responsabilidad de cada uno asistir; que el hecho era un mero protocolo, pues lo importante para ella era que se graduaran y desarrollaran su carrera para formar una familia estable y de buenas costumbres.

Abrazada a su satisfacción, Leo siguió creciendo en la vida y los negocios, y con el paso de los años, quienes la conocían, bien sea por relaciones de negocios o personales, pasaron a llamarla «Doña Leo», dos palabras que expresaban respeto, no tanto por su edad, sino por todo lo logrado en su vida y lo que ella representaba en la comunidad de comerciantes.

Contando siempre con el apoyo de sus hijos, Leo continuó agrandando los edificios de tres pisos que había construido con mucha paciencia bloque a bloque. Estos se fueron haciendo cada vez más espaciosos y cómodos. También construyó una bodega, lugar donde vendió sus productos y los adquiridos en los mercados cercanos. Pero siembre con ganas de crecer aún más, no se conformó con esto y vio otro de sus sueños hecho realidad cuando compró una finca de gran tamaño en la sabana de Bogotá, donde pudo marcar su propio ganado a hierro candente con las iniciales de su nombre y apellido. Igualmente, en lugar, continuó con su actividad en la avicultura, ese que siempre fue su gran negocio.

Las finanzas de la familia no solo mejoraron, crecieron a niveles que ni la misma Doña Leo se hubiese imaginado… Pero nunca era suficiente, no solo por miedo a quedar en bancarrota una vez más en su vida, realmente su manera de ser jamás le dejó estar quieta. Doña Leo estaba en movimiento perpetuo, siempre haciendo algo, como la hormiga que trabaja sin descanso por el beneficio de su núcleo familiar. A pesar de estar más que estable monetariamente, jamás dejó de levantarse antes de que saliera el sol. A las cuatro de la mañana ya estaba en pie. Ya desde esa hora sabía todo lo que haría durante al día, más allá de que el sol se ocultara tras las montañas. Salir a la calle, comerciar, comprar, vender, caminar, fundirse en los olores de los mercados, transitar los pasillos de puestos de venta, saludar, agudizar el sentido, buscar oportunidades y cuidar y apoyar cual fiera leona a su familia, así era el día a día de esta gran dama. «Mientras el cuerpo me lo permita hay que trabajar, el dinero no llega solo, está en la calle y hay que buscarlo», repetía una y otra vez, como el mantra que regiría su vida entera.

Sabía que su trabajo le había llevado a donde estaba, que su esfuerzo le había permitido tomar nuevamente la mano de sus hijos y subir la montaña del éxito, pero de igual forma era agradecida con la vida. Tanto ella como sus hijos siempre estuvieron seguros de que un ángel les cuidaba desde algún lugar del universo. A pesar de todo lo vivido en las malas y los descarríos de Doña Leo, jamás les pasó algo malo y siempre se mantuvieron por el buen camino de la existencia.

En el mercado todos reconocían a Doña Leo. Cuando se abría paso entre puestos repletos de mercancía, compradores y vendedores, era palpable el respeto y admiración que todos sentían por ella. Innumerables saludos, cortesías y muestras de cariño le llenaban de una satisfacción inmensa. Esto no era de gratis, la devoción de las personas nacía por el hecho de cómo había sido capaz de sacar adelante a todos sus hijos. A pesar de que ya eran profesionales y con buena posición económica, ella seguía trabajando día a día como si no tuviera nada o quisiera obtener algo inalcanzable.

Muy atrás quedaron los años que Leo se metía en problemas con hombres. Sepultados quedaron los tiempos en que su vida giraba en torno a una botella de licor acompañada de un malviviente. Ya se podía decir, con todas las sílabas, que era una mujer nueva, entregada a su familia, sin vicios y siempre dispuesta a dar una mano a quien la necesitara. Dicen que quien pasaba a visitarla por su casa tendría seguro un buen plato de comida en su mesa; incluso en el mercado muchos habitantes de calle y personas con serias limitaciones económicas y familiares se le acercaban en busca de ayuda y ella les tendía una mano.

Entre muchas cosas, Doña Leo también era reconocida por la flota de camiones que poseía, producto del trabajo duro. A estos vehículos se les podía ver a diario por las calles de los mercados cargados de sus gallinas, que eran escogidas para la venta. «Prepárate, que ahí vienen cargados los camiones de Doña Leo», se escuchaba en la plaza cuando los grandes carros de metal aparecían al cruzar la esquina.

Pero no todas las aves se quedaban allí. Dos de los camiones grandes estaban destinados exclusivamente para llevar gallinas a distintas partes del interior del país y entregarlas en varios restaurantes y plazas. Leo, sin proponérselo conscientemente, llegó a ser la más grande mayorista en la central de abastos de Bogotá.

A pesar de su éxito, ninguno de sus hijos se dedicó al negocio de comercializar aves. Cada uno se entregó de lleno a su carrera profesional y ella así lo prefería. Pensaba que era un trabajo demasiado fuerte al que ella ya estaba acostumbrada y que, si había hecho tanto esfuerzo para que todos salieran adelante, en busca de la estabilidad y comodidad, era el momento de que se independizaran y buscaran su propio sustento en lo que habían estudiado, realizándose a plenitud.

Con el paso y el peso de los años, el carácter de Doña Leo se fue endureciendo. A pesar de seguir siendo una persona de gran corazón, cualquier decisión que tomaran sus hijos en la vida debía pasar bajo un estricto escrutinio de su mirada, para al final darle el sí o el no a lo que todos ellos estaban proponiendo.

Como ley de vida, la familia fue creciendo poco a poco. Sus hijos, ya todos trabajadores, comenzaron a estrechar lazos con las personas que habían escogido para llegar al otoño de sus vidas, y estas parejas no escaparon a la mirada férrea de Doña Leo, pues debían ser aceptadas por ella para abrirles paso en el círculo familiar. Bien claro dejó, con su carácter fuerte, que jamás aceptaría algún maltrato de parte de alguna de las parejas de sus hijos o viceversa. Siempre exigió respeto y unión; se volvió una madre protectora y exigente, al punto que a ninguno de sus hijos le permitía beber o fumar en su presencia, pues ella conocía a la perfección lo malo de esos vicios y los quería alejados de sus hijos.

Si bien cada uno de ellos logró comprar una propiedad en Bogotá para formar su propio núcleo familiar luego del casamiento, las vacaciones las pasaban todos juntos. Bellos momentos se vivieron en familia, viajando a las playas de Santa Marta, Barranquilla y Cartagena. Tuvieron la oportunidad de visitar Europa y Estados Unidos. Lo jocoso de esos viajes era que, a pesar de que ya eran adultos, Leo siempre los protegía como niños. Incluso en estos viajes les compraba curiosos regalos. Se notaba que siempre quiso compensar lo malo que habían pasado durante su niñez, era como una manera de borrar o compensar toda la pesadilla que les hizo vivir hace un buen tiempo ya.

En este punto se podía decir que Doña Leo ya tenía todo en la vida. Pero la vida le premió aún más, pues poco a poco su casa comenzó a llenarse con las visitas de sus nietos.

Para ese entonces Colombia pasaba por un momento álgido y peligroso. Día tras día llegaban noticias del conflicto armado entre la policía y los militares contra el narcotraficante y cabecilla del Cartel de Medellín, Pablo Escobar. Leo veía en las noticias cómo aumentaban los secuestros, cómo los niños eran adoctrinados y entrenados para utilizarlos como vendedores del nefasto producto. Le preocupaba el hecho de que esta organización del mal ofrecía sueños de grandeza y riquezas a quienes se unieran a sus filas. Sabía muy bien que sus hijos eran personas de bien, por ese lado no había ningún problema, pero le angustiaba que les pasara algo o que sus nietos se fueran por el mal camino en el futuro, engañados por la falsa idea de un futuro lleno de lujos fáciles. Esto la llevó a controlar aún más el día a día de sus hijos. Les pedía que le informaran dónde estaban y que hacían cada cierto tiempo, y, si ella consideraba que no era un sitio seguro, se los hacía saber con toda la fuerza de su imponente voz de mando. Y no era para menos, bastante había trabajado para levantar a sus hijos como para que «viniera un malnacido a torcer los caminos de su familia con una tragedia».

Gracias al Todopoderoso nada de eso pasó. La descendencia familiar de Doña Leo siguió su curso natural. Su apellido, enseñanzas, lecciones de vida, amor y muchas cosas más pasaron en buen camino a sus hijos y nietos.

Alirio tuvo dos hijos, uno que siguió sus pasos y se convirtió en abogado y otro que egresó de la universidad como economista. Isaura formó dos médicos y una ingeniera. Margarita tuvo tres hijos, todos ellos ingenieros. Por su parte, Eliseo tuvo cuatro hijos, dos hijas estudiantes, una del mundo del mercadeo y los negocios y la segunda en el mundo de la comunicación social y dos empresarios autónomos. Arbello tuvo un hijo que se convirtió en periodista, un exitoso comerciante, y una hija muy inteligente y curiosa que se convirtió en experta en criminología. Asariel vio a uno de sus hijos convertirse en periodista y otro en comerciante. Por último, Jesús, que compartió enteramente las historias de su madre Leo con sus hijas, y estas se desarrollaron en la vida como expertas comerciantes.

Una anécdota de la cual siempre se habló en la familia, y fue historia jocosa para quienes conocieron a Doña Leo, fue cuando Alirio decidió no bautizar a su hijo. Él decía que cuando sus hijos crecieran ellos mismos tomarían la decisión de cuál religión seguir. Pero Leo, demostrando una vez más su férreo carácter, decidió no permitir que su primer nieto no fuese presentado ante la pila bautismal para recibir el primer sacramento de la fe católica a la edad de 15 años. Llamó a Eliseo para que la pasara buscando. Cuando este llegó, ella no le comentó absolutamente nada de su plan; le pidió que la llevara a comprar un traje para niño y luego se dirigieron a casa de Alirio para buscar al infante. Con la excusa de dar un corto paseo se llevaron al pequeño directamente a la iglesia. Eliseo quedó atónito cuando Leo le exigió al párroco que bautizara al niño en ese preciso momento. Para quienes luego se enteraron de esta historia, quedó claro que Doña Leo no andaba perdiendo el tiempo en sus días, que siempre demostraría su carácter enérgico y decidido cuando fuese necesario, pues era una mujer de una sola vía. Ella tenía ideas muy claras y no había quien la hiciera cambiar de parecer.

A pesar de su carácter, sus ocho hijos se dedicaron a vivir para ella. Todos sabían muy bien que los cimientos de sus propias familias eran la importante influencia de Leo en sus vidas y el legado invaluable para los años postreros. Sin ella, sus empeños y enseñanzas, ellos no estuvieran allí donde estaban. A pesar de las fuertes situaciones vividas en el pasado como maltratos, abandonos y pobreza ellos, solo tenían en mente hacerla sentir orgullosa con todo lo logrado en la vida, honrarla como ella lo merecía..

Orgullo sienten ellos por su madre, una profunda admiración por esa mujer que de la nada, desde el suelo, les tomó a cada uno de la mano y los guio hasta la cima del éxito. Nadie encuentra las palabras para expresar el asombro y júbilo que les genera, que una mujer prácticamente analfabeta moldeara uno a uno el barro de la vida de sus hijos, la gran alfarera, levantándolos a todos sanamente, con trabajo decente, sin hacerle mal a nadie, sin meterse en negocios ilícitos, solo con trabajo duro y apoyando cada proyecto de los suyos, siempre evitando que cometieran los mismos errores que ella cometió.

Sus propios hijos se refieren a ella como «Leo, un policía en el buen proceder de sus hijos».

Capítulo VIII

El inexorable devenir de los años, tiñó de gris plata el cabello de Doña Leo y sus fuerzas comenzaron a decaer en el espiral natural de la vida, pero aun así continuó su cotidianidad entre trabajo y el velar por el bienestar de sus hijos y nietos.

Con sesenta y cinco años bien vividos sobre sus hombros, comenzó a trabajar menos horas al día. Esto lo hacía en contra de los deseos de sus hijos, quienes le explicaban que ella no tenía necesidad de seguir en la brega diaria, ya que ellos, gracias al creador y a las enseñanzas de su madre, ya podían mantenerla y cubrir todas sus necesidades de vida. Todos pensaban que ella ya había hecho todo lo necesario para salir adelante, que ya era momento de descansar. Pero era en vano. La Doña Leo que todos conocían jamás iba a dejar que otros la mantuvieran, así fueran los de su propia sangre. Su carácter fuerte y actitud frente a la vida nunca le permitieron quedarse en cama más allá de las cinco de la mañana, aunque a veces era el mismo cuerpo que le decía que se tomara las cosas con calma y ella lo entendía, ya no era la misma... Está bien, pero igual, no dejaría de trabajar.

Los ojos de sus hijos veían cómo Leo se iba marchitando poco a poco. Sabían que, como ley de vida, las flores no podían estar vivas por siempre. Conscientes de los otoños de su madre, aparte de pedirle que descansara, comenzaron una cruzada de intensa lucha para que Leo asistiera a controles médicos que su edad ameritaba, aunque la respuesta siempre fuese la misma:

«Iré a los doctores cuando tenga un dolor muy fuerte... De resto... eso es innecesario».

Pero hay situaciones naturales que hasta el más aguerrido carácter no puede evitar. Doña Leo comenzó a sentirse cada vez más decaída. Ya no era la misma. Sentía como día a día las fuerzas se iban alejando de su cuerpo, que ya tan solo levantarse de la cama resultaba ser un reto diario.

Eliseo no podía seguir sin hacer nada mientras veía la lucha cotidiana de su madre. Utilizando todos los poderes de persuasión adquiridos con el paso de los años en su carrera profesional, la convenció de asistir a una cita médica lo más pronto posible, para así determinar qué le provocaba los malestares que venía sintiendo.

Doña Leo accedió. Le practicaron una serie de estudios que ella encontró sumamente molestos e incómodos, solo quería regresar a su casa lo más pronto posible. Pero en el fondo no quería preocupar más a Eliseo, y más en el fondo ella sabía que ya no era la misma y que todo eso era por su bien.

Una vez terminado todo el protocolo inicial de estudios y ya sentados frente a frente con el médico, este les explicó muy pausadamente, pero con la severidad que el caso ameritaba, que Doña Leo tenía fuertes problemas de tensión, colesterol alto y que a todo esto se le añadía la aparición de diabetes.

El galeno aprovechó un momento a solas con Eliseo para exponerle que su madre debía tener a su lado una persona que supervisara la toma de todos los medicamentos al pie de la letra. El doctor había notado inmediatamente la testarudez de doña Leo y prefirió darle esta recomendación a Eliseo de forma discreta para evitar una rotunda negativa por parte de la paciente.

No habían transitado más de una cuadra cuando Eliseo, que no había pronunciado ni una palabra, escuchó cómo su madre le dijo con voz de mando militar:

—No vaya usted a ordenar sobre mí. Yo sé cómo hacer mis cosas y sé cuándo volver a la clínica para hacerme mis estudios. También sé qué debo comer y qué no.

Aunque quiso decir más del millón de palabras que le pasaron por la cabeza en ese momento, Eliseo guardó silencio durante todo el trayecto de regreso a casa.

Tanto él como sus hermanos sabían que no sería tarea fácil, conocían más que suficiente el carácter de su madre. Se abocaron con intensidad para que Leo hiciera todo lo acordado con el especialista, pero al final del día todo siempre fue a su peculiar manera.

No pasaron muchos meses para que se diera una nueva visita al médico, pero esta vez fue de emergencia: Doña Leo había sufrido un importante derrame cerebral. Todos pensaron le había llegado su fin. Siete días pasó Leo en coma. Siete largos días que transcurrieron lentamente, que bañaron de amargura y preocupación la cara de sus hijos. Horas eternas pasaron a su lado, sin decir una palabra, solo escuchando el sonido de las máquinas que anunciaban el débil latido del corazón de Leo. Un pulso constante pero esperanzador... Aún había vida dentro de ese cuerpo.

En la mañana de un buen día Leo despertó. A duras penas reconoció a sus hijos. Su mirada estaba clavada en el techo de la habitación de una costosa y renombrada clínica de Bogotá. Varias semanas pasó en cuidados intensivos, rodeada de aparatos que monitoreaban su existencia en este mundo terrenal.

Recibió un tratamiento riguroso, ya que el derrame había comprometido gran parte de su cerebro y solo quedaba intentar disminuir los coágulos para luego someterla a una riesgosa operación para mejorar su calidad de vida.

Fueron más de dos meses los que pasó Leo postrada en una cama. Más de sesenta días en los que sus hijos hicieron guardia para estar junto a ella, en constante vigila. Días en que los médicos expresaban su sorpresa al ver y sentir las ganas de Leo por sobrevivir a este episodio, por recuperarse por completo para irse a su casa y continuar con sus quehaceres.

Los doctores lograron estabilizarla y operarla con éxito, pero su cuerpo ya se encontraba muy debilitado. Fue dada de alta médica, podía ir a su casa, pero, a pesar de los esfuerzos hechos por los galenos, Leo estaba sumamente desmejorada. Aquella niña que caminó por los campos aprendiendo el oficio de la mano de su padre, esa joven que visitaba a diario los mercados, que se mudó con sus hijos a pie, que trabajó con ganado y aves, ahora debía permanecer en una silla de ruedas. No podía hablar y casi no se podía mover. Atrás en el tiempo, solo en el recuerdo, quedó la Leo del movimiento constante.

Entre angustia y depresión comenzaron a aflorar problemas entre los hijos de Doña Leo. El desasosiego de ver a su madre en ese estado les nubló la mente y la vista. Al igual que Leo, ellos sentían que ya no eran ellos, no pensaban con claridad. Eliseo, con ayuda de sus hermanos, pagó la alta cuenta que dejó la clínica, cosa que hizo con amor porque para él, que siempre fue el ángel guardián, la vida y el bienestar de su madre valía más que todo el dinero, tesoros y castillos del mundo.

Los hermanos se dividieron en bandos: los que argumentaban que lo mejor para Leo era que estuviera en un asilo, para así recibir la atención las veinticuatro horas del día y así ellos poder seguir trabajando como lo venían haciendo; y los que, incluyendo Eliseo, pensaban que su madre no merecía tener un final así, «abandonada en un lugar para ancianos», luego de todo lo que ella había luchado para levantar y ver a sus hijos felices en la vida en franca unión.

Hasta que un día se pudo llegar a un acuerdo: Isaura se llevaría a su madre a su casa junto a su familia.

Todos se mantuvieron en constante comunicación y estado alerta para asistir al llamado y atención de su hermana ante cualquier cambio o situación inherente a Leo.

Todas las decisiones que se toman en estos momentos de la vida suelen ser dolorosos. Son laberintos en los que entran los familiares cercanos en busca de la mejor salida. Una vez llegado al acuerdo de cuál sería la mejor forma de darle tranquilidad y el trato meritorio a Doña Leo, estuvo el de qué hacer con su casa, esa gran casa que ella tanto amó, que compró con tanto esfuerzo, esa edificación donde vivieron todos alguna vez y posteriormente ella sus pasillos y habitaciones llenarse de adorados nietos.

Todos los gastos en lo sucesivo corrieron por cuenta de las propiedades, y así cubrir mensualmente los gastos de médicos de Leo, sin afectar económicamente a ninguno de sus hijos, que, si bien estaban estables, ella nunca hubiese consentido ser un gasto para ellos... Así todo se hizo más llevadero.

Los hermanos Peña comenzaron a evolucionar en la situación como un gran equipo, todo en beneficio de su madre. Todo mejoró cuando cada uno de ellos entendió el sufrimiento que estaba pasando Leo; que nada por lo que ellos pudieran estar atravesando o sintiendo en ese momento se podía comparar con lo que su madre llevaba por dentro, verse en esas condiciones luego de ser una persona tan activa y el no poder valerse por sí misma. Entendieron que esa situación, de seguir así, terminaría acabando con ella más pronto que tarde. A sus hijos no les quedó más remedio que continuar con sus vidas. Algunos se fueron de Bogotá para seguir desarrollando sus respectivas carreras laborales.

En la mente de todos siempre se esperó la recuperación de doña Leo. No era un pensamiento típico de hijo, de familiar cercano o de ser querido, la esperanza de todos se aferraba a la fuerza que siempre mostró Leo a lo largo de su vida, una fuerza de mente, espiritual y física que siempre la llevó a donde ella quería, esa resiliencia infinita. Esperaban que al menos hablara, que se comunicara con ellos, que pudiera decir qué sentía, que recordara y contara a sus nietos historias de aventuras del pasado; en fin, que fuese al menos una cuarta parte de la Leo que todos amaban y admiraban.

Pero lamentablemente no, no llegó esa ansiada recuperación. Cada día que pasaba era peor. La luz vital de Leo se iba apagando. Se marchitaba la flor de su existencia.

Un mal día comenzó a fallarle la respiración. En los ojos de Leo se podía ver la desesperación de un ahogo intermitente. Inmediatamente se dispuso todo para que comenzara con una terapia médica para mejorar el cuadro clínico. La finalidad era mantenerla lo más cómoda posible, ella no merecía ningún tipo de sufrimiento... Once años pasaron desde que había empezado el espiral descendente de doña Leo, lamentablemente, ya no había mucho por hacer. Al ver que cada vez estaba más descompensada, se tomó la decisión de llevarla a la clínica especializada en Bogotá.

Una mañana fría, de lluvia, 16 de enero de 2003, el alma de Doña Leo partió del plano terrenal. Un último y corto suspiro marcó el final de esta gran mujer. Como una película a toda velocidad pasó la vida de Leo por la mente de sus hijos: sus enseñanzas, su amor, su pasión por el trabajo, sus aciertos y desaciertos. Tenía setenta y ocho años cuando su cuerpo decidió dejar de luchar. Una batalla intensa, fuerte, desgarrada que cualquier persona hubiese perdido hace mucho tiempo atrás, pero no Leo, no ese ser lleno de fuerza y vitalidad. Qué grande el vacío que dejó Doña Leo esa mañana, qué inmenso quedó el mundo sin ella.

Desde una cuadra atrás se podía percibir el olor a flores que emanaba desde la sala de velación donde colocaron el féretro con el cuerpo de Leo, y aun así, seguían llegando arreglos enviados por distintas personas en señal de respeto y admiración por esta mujer. Todos sus hijos estaban presentes en el funeral. Todos los que las quisieron y conocieron. Dos días duró el acto y parecía que iba a ser poco tiempo por la cantidad de personas que fueron a demostrar sus respetos. Asistieron muchas personas con las que ella trabajó. Los que pasaban por la calle del frente se extrañaban al ver tal aglomeración de personas, y curiosos ante tal acontecimiento, se acercaban solo para preguntar qué figura pública había fallecido para formar tal revuelo.

El entierro no fue distinto, el vecindario completo asistió al camposanto. Las caras se llenaron de lágrimas cuando el féretro con el cuerpo de Leo comenzó a descender hasta su última morada. Lágrimas que tardaron en parar como las gotas de lluvia que cayeron la mañana que doña Leo se fue de la tierra. Entre los presentes se pudo ver una cara conocida que hacía tiempo que no se veía: Miguelito estaba allí perdonando

119

el pasado, estaba allí demostrando el más profundo dolor por la muestre de quien para él fue una madre.

Ahora, bajo una lápida que tiene escrito Leovigilda Peña Monroy, descansa el cuerpo de Doña Leo. Solo su cuerpo está allí, su alma sigue viva en el día a día de quienes recuerdan con amor y respeto a este maravilloso ser humano que dejó huella en todos los que la conocieron en su paso por la tierra, y que al paso de los años se perpetuara su insigne legado familiar: la tenacidad, el tesón e inagotable amor por los suyos.

www.ingramcontent.com/pod-product-compliance
Lightning Source LLC
LaVergne TN
LVHW091559060526
838200LV00036B/910